CW01376651

Mit seinen Gedichten, die er in Wien vor der Jahrhundertwende unter dem Pseudonym *Loris* veröffentlicht hatte, war der junge Hugo von Hofmannsthal (1874-1929) zum »Idol einer Generation« geworden, wie Rudolf Borchardt mit Bewunderung formulierte. Die ersten lyrischen Versuche sind dem Geist Nietzsches verpflichtet, schnell jedoch findet Hofmannsthal zu einem ganz eigenen Ton, der seine Gedichte – neben denen Stefan Georges, dem das Gedicht »Einem, der vorübergeht« (1891) gewidmet ist – zu den herausragenden Dokumenten des deutschsprachigen Symbolismus werden lässt. Prägend für die Bildsprache der Moderne, die sich dem französischen Symbolismus Baudelaires, Verlaines und Mallarmés verpflichtet weiß, sind die Gedichte »Weltgeheimnis« (1894), »Ein Traum von großer Magie« (1895) und »Lebenslied« (1896) geworden. Rückblickend beschreibt Hofmannsthal die Lyrik seiner Frühzeit als einen literarischen Ästhetizismus, der Kunst und Leben radikal in eins setzen wollte, zugleich sind sie ihm damit Belege für einen »glorreichen, aber gefährlichen Zustand«.

Die erste Sammlung von Gedichten Hugo von Hofmannsthals erschien 1907 im Insel Verlag Leipzig; dort wurden zu Lebzeiten Hofmannsthals auch die folgenden Gedichtsammlungen veröffentlicht. Die Texte dieser Ausgabe folgen den ersten Buchausgaben.

Die Texte aus dem Nachlass wurden unter dem Titel »Nachlese der Gedichte« erstmals 1934 veröffentlicht.

Hansgeorg Schmidt-Bergmann lehrt Literaturwissenschaft an der Universität Karlsruhe.

insel taschenbuch 2623
Hugo von Hofmannsthal
Die Gedichte

HUGO VON HOFMANNSTHAL
DIE GEDICHTE

Herausgegeben von
Hansgeorg Schmidt-Bergmann
Insel Verlag

Umschlagfoto: Freies Deutsches Hochstift –
Frankfurter Goethe-Museum/Sammlung
Dr. Rudolf Hirsch

insel taschenbuch 2623
Erste Auflage 2000
Originalausgabe
© Insel Verlag Frankfurt am Main und Leipzig 2000
Vertrieb durch den Suhrkamp Taschenbuch Verlag
Umschlag nach Entwürfen von Willy Fleckhaus
Satz: Hümmer GmbH, Waldbüttelbrunn
Druck: Nomos Verlagsgesellschaft, Baden-Baden
Printed in Germany

1 2 3 4 5 6 – 05 04 03 02 01 00

INHALT

GEDICHTE

VORFRÜHLING

Es läuft der Frühlingswind
Durch kahle Alleen,
Seltsame Dinge sind
In seinem Wehn.

Er hat sich gewiegt,
Wo Weinen war,
Und hat sich geschmiegt
In zerrüttetes Haar.

Er schüttelte nieder
Akazienblüten
Und kühlte die Glieder,
Die atmend glühten.

Lippen im Lachen
Hat er berührt,
Die weichen und wachen
Fluren durchspürt.

Er glitt durch die Flöte
Als schluchzender Schrei,
An dämmernder Röte
Flog er vorbei.

Er flog mit Schweigen
Durch flüsternde Zimmer
Und löschte im Neigen
Der Ampel Schimmer.

Es läuft der Frühlingswind
Durch kahle Alleen,
Seltsame Dinge sind
In seinem Wehn.

Durch die glatten
Kahlen Alleen
Treibt sein Wehn
Blasse Schatten.

Und den Duft,
Den er gebracht,
Von wo er gekommen
Seit gestern Nacht.

Mit silbergrauem Dufte war das Tal
Der Dämmerung erfüllt, wie wenn der Mond
Durch Wolken sickert. Doch es war nicht Nacht.
Mit silbergrauem Duft des dunklen Tales
Verschwammen meine dämmernden Gedanken,
Und still versank ich in dem webenden,
Durchsichtgen Meere und verließ das Leben.
Wie wunderbare Blumen waren da
Mit Kelchen dunkelglühend! Pflanzendickicht,
Durch das ein gelbrot Licht wie von Topasen
In warmen Strömen drang und glomm. Das Ganze
War angefüllt mit einem tiefen Schwellen
Schwermütiger Musik. Und dieses wußt ich,
Obgleich ichs nicht begreife, doch ich wußt es:
Das ist der Tod. Der ist Musik geworden,
Gewaltig sehnend, süß und dunkelglühend,
Verwandt der tiefsten Schwermut. Aber seltsam!
Ein namenloses Heimweh weinte lautlos
In meiner Seele nach dem Leben, weinte,
Wie einer weint, wenn er auf großem Seeschiff
Mit gelben Riesensegeln gegen Abend
Auf dunkelblauem Wasser an der Stadt,
Der Vaterstadt, vorüberfährt. Da sieht er
Die Gassen, hört die Brunnen rauschen, riecht
Den Duft der Fliederbüsche, sieht sich selber,
Ein Kind, am Ufer stehn, mit Kindesaugen,
Die ängstlich sind und weinen wollen, sieht
Durchs offne Fenster Licht in seinem Zimmer –
Das große Seeschiff aber trägt ihn weiter
Auf dunkelblauem Wasser lautlos gleitend
Mit gelben fremdgeformten Riesensegeln.

Nun liegt und zuckt am fahlen Himmelsrand
In sich zusammgesunken das Gewitter.
Nun denkt der Kranke: »Tag! jetzt werd ich schlafen!«
Und drückt die heißen Lider zu. Nun streckt
Die junge Kuh im Stall die starken Nüstern
Nach kühlem Frühduft. Nun im stummen Wald
Hebt der Landstreicher ungewaschen sich
Aus weichem Bett vorjährigen Laubes auf
Und wirft mit frecher Hand den nächsten Stein
Nach einer Taube, die schlaftrunken fliegt,
Und graust sich selber, wie der Stein so dumpf
Und schwer zur Erde fällt. Nun rennt das Wasser,
Als wollte es der Nacht, der fortgeschlichnen, nach
Ins Dunkel stürzen, unteilnehmend, wild
Und kalten Hauches hin, indessen droben
Der Heiland und die Mutter leise, leise
Sich unterreden auf dem Brücklein: leise,
Und doch ist ihre kleine Rede ewig
Und unzerstörbar wie die Sterne droben.
Er trägt sein Kreuz und sagt nur: »Meine Mutter!«
Und sieht sie an, und: »Ach, mein lieber Sohn!«
Sagt sie. – Nun hat der Himmel mit der Erde
Ein stumm beklemmend Zwiegespräch. Dann geht
Ein Schauer durch den schweren, alten Leib:
Sie rüstet sich, den neuen Tag zu leben.

Nun steigt das geisterhafte Frühlicht. Nun
Schleicht einer ohne Schuh von einem Frauenbett,
Läuft wie ein Schatten, klettert wie ein Dieb
Durchs Fenster in sein eigenes Zimmer, sieht
Sich im Wandspiegel und hat plötzlich Angst

Vor diesem blassen, übernächtigen Fremden,
Als hätte dieser selbe heute nacht
Den guten Knaben, der er war, ermordet
Und käme jetzt, die Hände sich zu waschen
Im Krüglein seines Opfers wie zum Hohn,
Und darum sei der Himmel so beklommen
Und alles in der Luft so sonderbar.
Nun geht die Stalltür. Und nun ist auch Tag.

REISELIED

Wasser stürzt, uns zu verschlingen,
Rollt der Fels, uns zu erschlagen,
Kommen schon auf starken Schwingen
Vögel her, uns fortzutragen.

Aber unten liegt ein Land,
Früchte spiegelnd ohne Ende
In den alterslosen Seen.

Marmorstirn und Brunnenrand
Steigt aus blumigem Gelände,
Und die leichten Winde wehn.

DIE BEIDEN

Sie trug den Becher in der Hand
– Ihr Kinn und Mund glich seinem Rand –,
So leicht und sicher war ihr Gang,
Kein Tropfen aus dem Becher sprang.

So leicht und fest war seine Hand:
Er ritt auf einem jungen Pferde,
Und mit nachlässiger Gebärde
Erzwang er, daß es zitternd stand.

Jedoch, wenn er aus ihrer Hand
Den leichten Becher nehmen sollte,
So war es beiden allzu schwer:
Denn beide bebten sie so sehr,
Daß keine Hand die andre fand
Und dunkler Wein am Boden rollte.

LEBENSLIED

Den Erben laß verschwenden
An Adler, Lamm und Pfau
Das Salböl aus den Händen
Der toten alten Frau!
Die Toten, die entgleiten,
Die Wipfel in dem Weiten –
Ihm sind sie wie das Schreiten
Der Tänzerinnen wert!

Er geht wie den kein Walten
Vom Rücken her bedroht.
Er lächelt, wenn die Falten
Des Lebens flüstern: Tod!
Ihm bietet jede Stelle
Geheimnisvoll die Schwelle;
Es gibt sich jeder Welle
Der Heimatlose hin.

Der Schwarm von wilden Bienen
Nimmt seine Seele mit;
Das Singen von Delphinen
Beflügelt seinen Schritt:
Ihn tragen alle Erden
Mit mächtigen Gebärden.
Der Flüsse Dunkelwerden
Begrenzt den Hirtentag!

Das Salböl aus den Händen
Der toten alten Frau
Laß lächelnd ihn verschwenden
An Adler, Lamm und Pfau:

Er lächelt der Gefährten. –
Die schwebend unbeschwerten
Abgründe und die Gärten
Des Lebens tragen ihn.

GUTE STUNDE

Hier lieg ich, mich dünkt es der Gipfel der Welt,
Hier hab ich kein Haus, und hier hab ich kein Zelt!

Die Wege der Menschen sind um mich her,
Hinauf zu den Bergen und nieder zum Meer:

Sie tragen die Ware, die ihnen gefällt,
Unwissend, daß jede mein Leben enthält.

Sie bringen in Schwingen aus Binsen und Gras
Die Früchte, von denen ich lange nicht aß:

Die Feige erkenn ich, nun spür ich den Ort,
Doch lebte der lange vergessene fort!

Und war mir das Leben, das schöne, entwandt,
Es hielt sich im Meer, und es hielt sich im Land!

DEIN ANTLITZ ...

Dein Antlitz war mit Träumen ganz beladen.
Ich schwieg und sah dich an mit stummem Beben.
Wie stieg das auf! Daß ich mich einmal schon
In frühern Nächten völlig hingegeben

Dem Mond und dem zuviel geliebten Tal,
Wo auf den leeren Hängen auseinander
Die magern Bäume standen und dazwischen
Die niedern kleinen Nebelwolken gingen

Und durch die Stille hin die immer frischen
Und immer fremden silberweißen Wasser
Der Fluß hinrauschen ließ – wie stieg das auf!

Wie stieg das auf! Denn allen diesen Dingen
Und ihrer Schönheit – die unfruchtbar war –
Hingab ich mich in großer Sehnsucht ganz,
Wie jetzt für das Anschaun von deinem Haar
Und zwischen deinen Lidern diesen Glanz!

WELTGEHEIMNIS

Der tiefe Brunnen weiß es wohl,
Einst waren alle tief und stumm,
Und alle wußten drum.

Wie Zauberworte, nachgelallt
Und nicht begriffen in den Grund,
So geht es jetzt von Mund zu Mund.

Der tiefe Brunnen weiß es wohl;
In den gebückt, begriffs ein Mann,
Begriff es und verlor es dann.

Und redet' irr und sang ein Lied –
Auf dessen dunklen Spiegel bückt
Sich einst ein Kind und wird entrückt.

Und wächst und weiß nichts von sich selbst
Und wird ein Weib, das einer liebt
Und – wunderbar wie Liebe gibt!

Wie Liebe tiefe Kunde gibt! –
Da wird an Dinge, dumpf geahnt,
In ihren Küssen tief gemahnt ...

In unsern Worten liegt es drin,
So tritt des Bettlers Fuß den Kies,
Der eines Edelsteins Verlies.

Der tiefe Brunnen weiß es wohl,
Einst aber wußten alle drum,
Nun zuckt im Kreis ein Traum herum.

BALLADE DES ÄUSSEREN LEBENS

Und Kinder wachsen auf mit tiefen Augen,
Die von nichts wissen, wachsen auf und sterben,
Und alle Menschen gehen ihre Wege.

Und süße Früchte werden aus den herben
Und fallen nachts wie tote Vögel nieder
Und liegen wenig Tage und verderben.

Und immer weht der Wind, und immer wieder
Vernehmen wir und reden viele Worte
Und spüren Lust und Müdigkeit der Glieder.

Und Straßen laufen durch das Gras, und Orte
Sind da und dort, voll Fackeln, Bäumen, Teichen,
Und drohende, und totenhaft verdorrte ...

Wozu sind diese aufgebaut? und gleichen
Einander nie? und sind unzählig viele?
Was wechselt Lachen, Weinen und Erbleichen?

Was frommt das alles uns und diese Spiele,
Die wir doch groß und ewig einsam sind
Und wandernd nimmer suchen irgend Ziele?

Was frommts, dergleichen viel gesehen haben?
Und dennoch sagt der viel, der »Abend« sagt,
Ein Wort, daraus Tiefsinn und Trauer rinnt

Wie schwerer Honig aus den hohlen Waben.

NOX PORTENTIS GRAVIDA

In hohen Bäumen ist ein Nebelspiel,
Und drei der schönen Sterne funkeln nah:
Die Hyazinthen an der dunkeln Erde
Erinnern sich, daß hier geschehen werde,
Was früher schon und öfter wohl geschah:
Daß Hermes und die beiden Dioskuren,
Funkelnd vor Übermut, die luftigen Spuren
Der windgetragenen Grazien umstellen
Und spielend, mit der Grausamkeit der Jagd,
Sie aus den Wipfeln scheuchen, ja die Wellen
Des Flusses nahe treiben, bis es tagt.

Der Dichter hat woanders seinen Weg,
Und mit den Augen der Meduse schauend
Sieht er das umgelegene fahle Feld
Sogleich entrückt und weiß nicht, wie es ist,
Und fügt es andern solchen Orten zu,
Wo seine Seele wie ein Kind verstellt,
Ein Dasein hat von keiner sichern Frist
In Adlersluft und abgestorbner Ruh.
Dort streut er ihr die Schatten und die Scheine
Der Erdendinge hin und Edelsteine.

Den dritten Teil des Himmels aber nimmt
Die Wolke ein von solcher Todesschwärze,
Wie sie die Seele dessen anfällt, der
Durch Nacht den Weg sich sucht mit einer Kerze:

Die Wolke, die hinzog am nächsten Morgen,
Mit Donnerschlag von tausenden Gewittern
Und blauem Lichte stark wie nahe Sonnen

Und schauerlichem Sturz von heißen Steinen,
Die Insel heimzusuchen, wo das Zittern
Aufblühen ließ die wundervollsten Wonnen;
Vor ungeheurer Angst erstorbenes Weinen
Der Kaufpreis war: daß in verstörten Gärten,
Die nie sich sahen, sich fürs Leben fanden
Und trunken sterbend, Rettung nicht begehrten;
Daß Gott entsprang den Luft- und Erdenbanden,
Verwaiste Kinder gleich Propheten glühten
Und alle Seelen wie die Sterne blühten.

GLÜCKLICHES HAUS

Auf einem offenen Altane sang
Ein Greise orgelspielend gegen Himmel,
Indes auf einer Tenne, ihm zu Füßen,
Der schlanke mit dem bärtigen Enkel focht,
Daß durch den reinen Schaft des Oleanders
Ein Zittern aufwärtslief; allein ein Vogel
Still in der Krone blütevollem Schein
Floh nicht und äugte klugen Blicks herab.
Auf dem behauenen Rand des Brunnens aber
Die junge Frau gab ihrem Kind die Brust.

Allein der Wanderer, dem die Straße sich
Entlang der Tenne ums Gemäuer bog,
Warf hinter sich den einen Blick des Fremden
Und trug in sich – gleich jener Abendwolke
Entschwebend, über stillem Fluß und Wald –
Das wundervolle Bild des Friedens fort.

Ich habe mich bedacht, daß schönste Tage
Nur jene heißen dürfen, da wir redend
Die Landschaft uns vor Augen in ein Reich
Der Seele wandelten; da hügelan
Dem Schatten zu wir stiegen in den Hain,
Der uns umfing wie schon einmal Erlebtes,
Da wir auf abgetrennten Wiesen still
Den Traum vom Leben niegeahnter Wesen,
Ja ihres Gehns und Trinkens Spuren fanden
Und überm Teich ein gleitendes Gespräch,
Noch tiefere Wölbung spiegelnd als der Himmel:
Ich habe mich bedacht auf solche Tage,
Und daß nächst diesen drei: gesund zu sein,
Am eignen Leib und Leben sich zu freuen,
Und an Gedanken, Flügeln junger Adler,
Nur eines frommt: gesellig sein mit Freunden.
So will ich, daß du kommst und mit mir trinkst
Aus jenen Krügen, die mein Erbe sind,
Geschmückt mit Laubwerk und beschwingten Kindern,
Und mit mir sitzest in dem Gartenturm:
Zwei Jünglinge bewachen seine Tür,
In deren Köpfen mit gedämpftem Blick
Halbabgewandt ein ungeheueres
Geschick dich steinern anschaut, daß du schweigst
Und meine Landschaft hingebreitet siehst:
Daß dann vielleicht ein Vers von dir sie mir
Veredelt künftig in der Einsamkeit
Und da und dort Erinnerung an dich
Ein Schatten nistet und zur Dämmerung
Die Straße zwischen dunklen Wipfeln rollt

Und schattenlose Wege in der Luft
Dahinrolln wie ein ferner goldner Donner.

TERZINEN ÜBER VERGÄNGLICHKEIT

I

Noch spür ich ihren Atem auf den Wangen:
Wie kann das sein, daß diese nahen Tage
Fort sind, für immer fort, und ganz vergangen?

Dies ist ein Ding, das keiner voll aussinnt,
Und viel zu grauenvoll, als daß man klage:
Daß alles gleitet und vorüberrinnt

Und daß mein eignes Ich, durch nichts gehemmt,
Herüberglitt aus einem kleinen Kind
Mir wie ein Hund unheimlich stumm und fremd.

Dann: daß ich auch vor hundert Jahren war
Und meine Ahnen, die im Totenhemd,
Mit mir verwandt sind wie mein eignes Haar,

So einst mit mir als wie mein eignes Haar.

II

Die Stunden! wo wir auf das helle Blauen
Des Meeres starren und den Tod verstehn,
So leicht und feierlich und ohne Grauen,

Wie kleine Mädchen, die sehr blaß aussehn,
Mit großen Augen, und die immer frieren,
An einem Abend stumm vor sich hinsehn

Und wissen, daß das Leben jetzt aus ihren
Schlaftrunknen Gliedern still hinüberfließt
In Bäum' und Gras, und sich matt lächelnd zieren

Wie eine Heilige, die ihr Blut vergießt.

III

Wir sind aus solchem Zeug, wie das zu Träumen,
Und Träume schlagen so die Augen auf
Wie kleine Kinder unter Kirschenbäumen,

Aus deren Krone den blaßgoldnen Lauf
Der Vollmond anhebt durch die große Nacht.
… Nicht anders tauchen unsre Träume auf,

Sind da und leben wie ein Kind, das lacht,
Nicht minder groß im Auf- und Niederschweben
Als Vollmond, aus Baumkronen aufgewacht.

Das Innerste ist offen ihrem Weben,
Wie Geisterhände in versperrtem Raum
Sind sie in uns und haben immer Leben.

Und drei sind Eins: ein Mensch, ein Ding, ein Traum.

IV

Zuweilen kommen niegeliebte Frauen
Im Traum als kleine Mädchen uns entgegen
Und sind unsäglich rührend anzuschauen,

Als wären sie mit uns auf fernen Wegen
Einmal an einem Abend lang gegangen,
Indes die Wipfel atmend sich bewegen

Und Duft herunterfällt und Nacht und Bangen,
Und längs des Weges, unsres Wegs, des dunkeln,
Im Abendschein die stummen Weiher prangen

Und, Spiegel unsrer Sehnsucht, traumhaft funkeln,
Und allen leisen Worten, allem Schweben
Der Abendluft und erstem Sternefunkeln

Die Seelen schwesterlich und tief erbeben
Und traurig sind und voll Triumphgepränge
Vor tiefer Ahnung, die das große Leben

Begreift und seine Herrlichkeit und Strenge.

MANCHE FREILICH ...

Manche freilich müssen drunten sterben,
Wo die schweren Ruder der Schiffe streifen,
Andre wohnen bei dem Steuer droben,
Kennen Vogelflug und die Länder der Sterne.

Manche liegen immer mit schweren Gliedern
Bei den Wurzeln des verworrenen Lebens,
Andern sind die Stühle gerichtet
Bei den Sibyllen, den Königinnen,
Und da sitzen sie wie zu Hause,
Leichten Hauptes und leichter Hände.

Doch ein Schatten fällt von jenen Leben
In die anderen Leben hinüber,
Und die leichten sind an die schweren
Wie an Luft und Erde gebunden:

Ganz vergessener Völker Müdigkeiten
Kann ich nicht abtun von meinen Lidern,
Noch weghalten von der erschrockenen Seele
Stummes Niederfallen ferner Sterne.

Viele Geschicke weben neben dem meinen,
Durcheinander spielt sie alle das Dasein,
Und mein Teil ist mehr als dieses Lebens
Schlanke Flamme oder schmale Leier.

EIN TRAUM VON GROSSER MAGIE

Viel königlicher als ein Perlenband
Und kühn wie junges Meer im Morgenduft,
So war ein großer Traum – wie ich ihn fand.

Durch offene Glastüren ging die Luft.
Ich schlief im Pavillon zu ebner Erde,
Und durch vier offne Türen ging die Luft –

Und früher liefen schon geschirrte Pferde
Hindurch und Hunde eine ganze Schar
An meinem Bett vorbei. Doch die Gebärde

Des Magiers – des Ersten, Großen – war
Auf einmal zwischen mir und einer Wand:
Sein stolzes Nicken, königliches Haar.

Und hinter ihm nicht Mauer: es entstand
Ein weiter Prunk von Abgrund, dunklem Meer
Und grünen Matten hinter seiner Hand.

Er bückte sich und zog das Tiefe her.
Er bückte sich, und seine Finger gingen
Im Boden so, als ob es Wasser wär.

Vom dünnen Quellenwasser aber fingen
Sich riesige Opale in den Händen
Und fielen tönend wieder ab in Ringen.

Dann warf er sich mit leichtem Schwung der Lenden –
Wie nur aus Stolz – der nächsten Klippe zu;
An ihm sah ich die Macht der Schwere enden.

In seinen Augen aber war die Ruh
Von schlafend – doch lebendgen Edelsteinen.
Er setzte sich und sprach ein solches Du

Zu Tagen, die uns ganz vergangen scheinen,
Daß sie herkamen trauervoll und groß:
Das freute ihn zu lachen und zu weinen.

Er fühlte traumhaft aller Menschen Los,
So wie er seine eignen Glieder fühlte.
Ihm war nichts nah und fern, nichts klein und groß.

Und wie tief unten sich die Erde kühlte,
Das Dunkel aus den Tiefen aufwärts drang,
Die Nacht das Laue aus den Wipfeln wühlte,

Genoß er allen Lebens großen Gang
So sehr – daß er in großer Trunkenheit
So wie ein Löwe über Klippen sprang.
. . . .

Cherub und hoher Herr ist unser Geist –
Wohnt nicht in uns, und in die obern Sterne
Setzt er den Stuhl und läßt uns viel verwaist:

Doch Er ist Feuer uns im tiefsten Kerne
– So ahnte mir, da ich den Traum da fand –
Und redet mit den Feuern jener Ferne

Und lebt in mir wie ich in meiner Hand.

IM GRÜNEN ZU SINGEN

I

Hörtest du denn nicht hinein,
Daß Musik das Haus umschlich?
Nacht war schwer und ohne Schein,
Doch der sanft auf hartem Stein
Lag und spielte, das war ich.

Was ich konnte, sprach ich aus:
»Liebste du, mein Alles du!«
Östlich brach ein Licht heraus,
Schwerer Tag trieb mich nach Haus,
Und mein Mund ist wieder zu.

II

War der Himmel trüb und schwer,
Waren einsam wir so sehr,
Voneinander abgeschnitten!
Aber das ist nun nicht mehr:
Lüfte fließen hin und her;
Und die ganze Welt inmitten
Glänzt, als ob sie gläsern wär.

Sterne kamen aufgegangen,
Flimmern mein- und deinen Wangen,
Und sie wissens auch:
Stark und stärker wird ihr Prangen;
Und wir atmen mit Verlangen,
Liegen selig wie gefangen,
Spüren eins des andern Hauch.

III

Die Liebste sprach: »Ich halt dich nicht,
Du hast mir nichts geschworn.
Die Menschen soll man halten nicht,
Sind nicht zur Treu geborn.

Zieh deine Straßen hin, mein Freund,
Beschau dir Land um Land,
In vielen Betten ruh dich aus,
Viel Frauen nimm bei der Hand.

Wo dir der Wein zu sauer ist,
Da trink du Malvasier,
Und wenn mein Mund dir süßer ist,
So komm nur wieder zu mir!«

GESTALTEN

EIN KNABE

I

Lang kannte er die Muscheln nicht für schön:
Er war zu sehr aus einer Welt mit ihnen;
Der Duft der Hyazinthen war ihm nichts
Und nichts das Spiegelbild der eigenen Mienen.

Doch alle seine Tage waren so
Geöffnet wie ein leierförmig Tal,
Darin er Herr zugleich und Knecht zugleich
Des weißen Lebens war und ohne Wahl.

Wie einer, der noch tut, was ihm nicht ziemt,
Doch nicht für lange, ging er auf den Wegen:
Der Heimkehr und unendlichem Gespräch
Hob seine Seele ruhig sich entgegen.

II

Eh er gebändigt war für sein Geschick,
Trank er viel Flut, die bitter war und schwer.
Dann richtete er sonderbar sich auf
Und stand am Ufer seltsam leicht und leer.

Zu seinen Füßen rollten Muscheln hin,
Und Hyazinthen hatte er im Haar,
Und ihre Schönheit wußte er, und auch,
Daß dies der Trost des schönen Lebens war.

Doch mit unsicherm Lächeln ließ er sie
Bald wieder fallen, denn ein großer Blick

Auf diese schönen Kerker zeigte ihm
Das eigne unbegreifliche Geschick.

DER JÜNGLING IN DER LANDSCHAFT

Die Gärtner legten ihre Beete frei,
Und viele Bettler waren überall
Mit schwarzverbundnen Augen und mit Krücken –
Doch auch mit Harfen und den neuen Blumen,
Dem starken Duft der schwachen Frühlingsblumen.

Die nackten Bäume ließen alles frei:
Man sah den Fluß hinab und sah den Markt,
Und viele Kinder spielten längs den Teichen.
Durch diese Landschaft ging er langsam hin
Und fühlte ihre Macht und wußte – daß
Auf ihn die Weltgeschicke sich bezogen.

Auf jene fremden Kinder ging er zu
Und war bereit, an unbekannter Schwelle
Ein neues Leben dienend hinzubringen.
Ihm fiel nicht ein, den Reichtum seiner Seele,
Die frühern Wege und Erinnerung
Verschlungner Finger und getauschter Seelen
Für mehr als nichtigen Besitz zu achten.

Der Duft der Blumen redete ihm nur
Von fremder Schönheit – und die neue Luft
Nahm er stillatmend ein, doch ohne Sehnsucht:
Nur daß er dienen durfte, freute ihn.

DER SCHIFFSKOCH,
EIN GEFANGENER, SINGT:

Weh, geschieden von den Meinigen,
Lieg ich hier seit vielen Wochen;
Ach und denen, die mich peinigen,
Muß ich Mahl- um Mahlzeit kochen.

Schöne purpurflossige Fische,
Die sie mir lebendig brachten,
Schauen aus gebrochenen Augen,
Sanfte Tiere muß ich schlachten.

Stille Tiere muß ich schlachten,
Schöne Früchte muß ich schälen
Und für sie, die mich verachten,
Feurige Gewürze wählen.

Und wie ich gebeugt beim Licht in
Süß- und scharfen Düften wühle,
Steigen auf ins Herz der Freiheit
Ungeheuere Gefühle!

Weh, geschieden von den Meinigen,
Lieg ich hier seit wieviel Wochen!
Ach und denen, die mich peinigen,
Muß ich Mahl- um Mahlzeit kochen!

DES ALTEN MANNES SEHNSUCHT
NACH DEM SOMMER

Wenn endlich Juli würde anstatt März,

Nichts hielte mich, ich nähme einen Rand,
Zu Pferd, zu Wagen oder mit der Bahn
Käm ich hinaus ins schöne Hügelland.

Da stünden Gruppen großer Bäume nah,
Platanen, Rüster, Ahorn oder Eiche:
Wie lang ists, daß ich keine solchen sah!

Da stiege ich vom Pferde oder riefe
Dem Kutscher: Halt! und ginge ohne Ziel
Nach vorwärts in des Sommerlandes Tiefe.

Und unter solchen Bäumen ruht ich aus;
In deren Wipfel wäre Tag und Nacht
Zugleich, und nicht so wie in diesem Haus,

Wo Tage manchmal öd sind wie die Nacht
Und Nächte fahl und lauernd wie der Tag.
Dort wäre Alles Leben, Glanz und Pracht.

Und aus dem Schatten in des Abendlichts
Beglückung tret ich, und ein Hauch weht hin,
Doch nirgend flüsterts: »Alles dies ist nichts.«

Das Tal wird dunkel, und wo Häuser sind,
Sind Lichter, und das Dunkel weht mich an,
Doch nicht vom Sterben spricht der nächtige Wind.

Ich gehe übern Friedhof hin und sehe
Nur Blumen sich im letzten Scheine wiegen,
Von gar nichts anderm fühl ich eine Nähe.

Und zwischen Haselsträuchern, die schon düstern,
Fließt Wasser hin, und wie ein Kind, so lausch ich
Und höre kein »Dies ist vergeblich« flüstern!

Da ziehe ich mich hurtig aus und springe
Hinein, und wie ich dann den Kopf erhebe,
Ist Mond, indes ich mit dem Bächlein ringe.

Halb heb ich mich aus der eiskalten Welle,
Und einen glatten Kieselstein ins Land
Weit schleudernd steh ich in der Mondeshelle.

Und auf das mondbeglänzte Sommerland
Fällt weit ein Schatten: dieser, der so traurig
Hier nickt, hier hinterm Kissen an der Wand?

So trüb und traurig, der halb aufrecht kauert
Vor Tag und böse in das Frühlicht starrt
Und weiß, daß auf uns beide etwas lauert?

Er, den der böse Wind in diesem März
So quält, daß er die Nächte nie sich legt,
Gekrampft die schwarzen Hände auf sein Herz?

Ach, wo ist Juli und das Sommerland!

VERSE AUF EIN KLEINES KIND

Dir wachsen die rosigen Füße,
Die Sonnenländer zu suchen:
Die Sonnenländer sind offen!
An schweigenden Wipfeln blieb dort
Die Luft der Jahrtausende hangen,
Die unerschöpflichen Meere
Sind immer noch, immer noch da.
Am Rande des ewigen Waldes
Willst du aus der hölzernen Schale
Die Milch mit der Unke dann teilen?
Das wird eine fröhliche Mahlzeit,
Fast fallen die Sterne hinein!
Am Rande des ewigen Meeres
Schnell findest du einen Gespielen:
Den freundlichen guten Delphin.
Er springt dir ans Trockne entgegen,
Und bleibt er auch manchmal aus,
So stillen die ewigen Winde
Dir bald die aufquellenden Tränen.
Es sind in den Sonnenländern
Die alten, erhabenen Zeiten
Für immer noch, immer noch da!
Die Sonne mit heimlicher Kraft,
Sie formt dir die rosigen Füße,
Ihr ewiges Land zu betreten.

DER KAISER VON CHINA SPRICHT:

In der Mitte aller Dinge
Wohne Ich, der Sohn des Himmels.
Meine Frauen, meine Bäume,
Meine Tiere, meine Teiche
Schließt die erste Mauer ein.
Drunten liegen meine Ahnen:
Aufgebahrt mit ihren Waffen,
Ihre Kronen auf den Häuptern,
Wie es einem jeden ziemt,
Wohnen sie in den Gewölben.
Bis ins Herz der Welt hinunter
Dröhnt das Schreiten meiner Hoheit.
Stumm von meinen Rasenbänken,
Grünen Schemeln meiner Füße,
Gehen gleichgeteilte Ströme
Osten-, west- und süd- und nordwärts,
Meinen Garten zu bewässern,
Der die weite Erde ist.
Spiegeln hier die dunkeln Augen,
Bunten Schwingen meiner Tiere,
Spiegeln draußen bunte Städte,
Dunkle Mauern, dichte Wälder
Und Gesichter vieler Völker.
Meine Edlen, wie die Sterne,
Wohnen rings um mich, sie haben
Namen, die ich ihnen gab,
Namen nach der einen Stunde,
Da mir einer näher kam,
Frauen, die ich ihnen schenkte,
Und den Scharen ihrer Kinder,
Allen Edlen dieser Erde

Schuf ich Augen, Wuchs und Lippen,
Wie der Gärtner an den Blumen.
Aber zwischen äußern Mauern
Wohnen Völker meine Krieger,
Völker meine Ackerbauer.
Neue Mauern und dann wieder
Jene unterworfnen Völker,
Völker immer dumpfern Blutes,
Bis ans Meer, die letzte Mauer,
Die mein Reich und mich umgibt.

GROSSMUTTER UND ENKEL

»Ferne ist dein Sinn, dein Fuß
Nur in meiner Tür!«
Woher weißt du's gleich beim Gruß?
»Kind, weil ich es spür.«

Was? »Wie Sie aus süßer Ruh
Süß durch dich erschrickt.« –
Sonderbar, wie Sie hast du
Vor dich hingenickt.

»Einst …« Nein: jetzt im Augenblick!
Mich beglückt der Schein –
»Kind, was haucht dein Wort und Blick
Jetzt in mich hinein?

Meine Mädchenzeit voll Glanz
Mit verstohlnem Hauch
Öffnet mir die Seele ganz!«
Ja, ich spür es auch:

Und ich bin bei dir und bin
Wie auf fremdem Stern:
Ihr und dir mit wachem Sinn
Schwankend nah und fern!

»Als ich dem Großvater dein
Mich fürs Leben gab,
Trat ich so verwirrt nicht ein
Wie nun in mein Grab.«

Grab? Was redest du von dem?
Das ist weit von dir!
Sitzest plaudernd und bequem
Mit dem Enkel hier.

Deine Augen frisch und reg,
Deine Wangen hell –
»Flog nicht übern kleinen Weg
Etwas schwarz und schnell?«

Etwas ist, das wie im Traum
Mich Verliebten hält.
Wie der enge schwüle Raum
Seltsam mich umstellt!

»Fühlst du, was jetzt mich umblitzt
Und mein stockend Herz?
Wenn du bei dem Mädchen sitzt,
Unter Kuß und Scherz,

Fühl es fort und denk an mich,
Aber ohne Graun:
Denk, wie ich im Sterben glich
Jungen, jungen Fraun.«

GESPRÄCH

Ihr gleicht nun völlig dem vertriebnen Herzog,
Der zaubern kann und eine Tochter hat:
Dem im Theaterstück, dem Prospero.
Denn ihr seid stark genug, in dieser Stadt
Mit eurem Kind so frei dahinzuleben,
Als wäret ihr auf einer wüsten Insel.
Ihr habt den Zaubermantel und die Bücher,
Mit Geistern zur Bedienung und zur Lust
Euch und die Tochter zu umgeben, nicht?
Sie kommen, wenn ihr winkt, und sie verblassen,
Wenn ihr die Stirne runzelt. Dieses Kind
Lernt früh, was wir erst spät begreifen lernten:
Daß alles Lebende aus solchem Stoff
Wie Träume und ganz ähnlich auch zergeht.
Sie wächst so auf und fürchtet sich vor nichts:
Mit Tieren und mit Toten redet sie
Zutraulich wie mit ihresgleichen, blüht
Schamhafter als die festverschloßne Knospe,
Weil sie auch aus der leeren Luft so etwas
Wie Augen stets auf sich gerichtet fühlt.
Allmählich wird sie größer, und ihr lehrt sie:
»Hab du das Leben lieb, dich nicht zu lieb,
Und nur um seiner selbst, doch immerfort
Nur um des Guten willen, das darin ist.«
In all dem ist für sie kein Widerspruch,
Denn so wie bunte Muscheln oder Vögel
Hat sie die Tugend lieb. Bis eines Tages
Ihr sie vermählt mit Einem, den ihr völlig
Durchschaut, den ihr geprüft auf solche Art,
Die kein unedler Mensch erträgt, als wäre er

Schiffbrüchig ausgeworfen auf der Insel,
Die ihr beherrscht, und ganz euch zugefallen
Wie Strandgut.

DER ÄLTERE
Nun meine ich, ist mir ein Maß geschenkt,
Ein unveränderlich und sichres Maß,
Das mich für immer und untrüglich abhält,
Ein leeres Ding für voll zu nehmen, mich
Für Schales zu vergeuden, fremdem Fühlen
Und angelerntem Denken irgend Platz
In einer meiner Adern zu gestatten.
Nun kann zwar Krankheit, Elend oder Tod
Mich noch bedrohen, aber Lüge kaum.
Dazu ist dies mein neues Amt zu voll
Einfacher Hoheit. Und daran gemessen
Vergeht erlogne Wichtigkeit zu Nichts.
Ins Schloß gefallen sind die letzten Türen,
Durch die ich hatte einen schlimmen Weg
Antreten können. Durch und durch verstört,
Im Kern beschmutzt und völlig irr an Güte
Werd ich nun nicht mehr. Denn mich hat ein Glanz
Vom wahren Sinn des Lebens angeglüht.

GESELLSCHAFT

SÄNGERIN
Sind wir jung und sind nicht alt,
Lieder haben viel Gewalt,
Machen leicht und machen schwer,
Ziehen deine Seele her.

FREMDER
Leben gibt es nah und fern,
Was ich zeige, seht ihr gern –
Nicht die Schwere vieler Erden,
Nur die spielenden Gebärden.

JUNGER HERR
Vieles, was mir Freude schafft,
Fühl ich hier herangeflogen,
Aber gar so geisterhaft:
Glücklich – bin ich wie betrogen!

DICHTER
Einen hellen Widerschein
Sehe ich im Kreise wandern:
Spürt auch jeder sich allein,
Spürt sich doch in allen andern.

MALER
Und wie zwischen leichten Lichtern
Flattert zwischen den Gesichtern
Schwaches Lachen hin und her.

FREMDER
Lieder machen leicht und schwer!

DICHTER
Lieder haben große Kraft –
Leben gibt es nah und fern.

JUNGER HERR
Was sie reden, hör ich gern,
Sei es immer geisterhaft.

DER JÜNGLING UND DIE SPINNE

DER JÜNGLING
(vor sich mit wachsender Trunkenheit):
Sie liebt mich! Wie ich nun die Welt besitze,
Ist über alle Worte, alle Träume:
Mir gilt es, daß von jeder dunklen Spitze
Die stillen Wolken tieferleuch'te Räume
Hinziehn, von ungeheurem Traum erfaßt:
So trägt es mich – daß ich mich nicht versäume! –
Dem schönen Leben, Meer und Land zu Gast.
Nein! wie ein Morgentraum vom Schläfer fällt
Und in die Wirklichkeit hineinverblaßt,
Ist mir die Wahrheit jetzt erst aufgehellt:
Nicht treib ich als ein Gast umher, mich haben
Dämonisch zum Gebieter hergestellt
Die Fügungen des Schicksals: Junge Knaben
Sind da, die Ernst und Spiele von mir lernten,
Ich seh, wie manche meine Mienen haben,
Geheimnisvoll ergreift es mich, sie ernten
Zu sehn, und an den Ufern, an den Hügeln
Spür ich in einem wundervoll entfernten
Traumbilde sich mein Innerstes entriegeln
Beim Anblick, den mir ihre Taten geben.
Ich schaue an den Himmel auf, da spiegeln
Die Wolkenreiche, spiegeln mir im Schweben
Ersehntes, Hergegebnes, mich, das Ganze!
Ich bin von einem solchen großen Leben
Umrahmt, ich habe mit dem großen Glanze
Der schönen Sterne eine also nah
Verwandte Trunkenheit –
Nach welcher Zukunft greif ich Trunkner da?
Doch schwebt sie her, ich darf sie schon berühren:

Denn zu den Sternen steigt, was längst geschah,
Empor, und andre, andre Ströme führen
Das Ungeschehene herauf, die Erde
Läßt es empor aus unsichtbaren Türen,
Bezwungen von der bittenden Gebärde!

(So tritt er ans offene Fenster, das mit hellem Mondlicht an-
gefüllt und von den Schatten wilder Weinblätter eingerahmt
ist. Indem tritt unter seinen Augen aus dem Dunkel eines
Blattes eine große Spinne mit laufenden Schritten hervor
und umklammert den Leib eines kleinen Tieres. Es gibt in
der Stille der Nacht einen äußerst leisen, aber kläglichen
Laut, und man meint die Bewegungen der heftig umklam-
mernden Glieder zu hören.)

DER JÜNGLING
(muß zurücktreten):
Welch eine Angst ist hier, welch eine Not.
Mein Blut muß ebben, daß ich dich da sehe,
Du häßliche Gewalt, du Tier, du Tod!
Der großen Träume wundervolle Nähe
Klingt ab, wie irgendwo das ferne Rollen
Von einem Wasserfall, den ich schon ehe
Gehört, da schien er kühn und angeschwollen,
Jetzt sinkt das Rauschen, und die hohe Ferne
Wird leer und öd aus einer ahnungsvollen:
Die Welt besitzt sich selber, o ich lerne!

Nicht hemme ich die widrige Gestalt
So wenig als den Lauf der schönen Sterne.
Vor meinen Augen tut sich die Gewalt,
Sie tut sich schmerzend mir im Herzen innen,
Sie hat an jeder meiner Fibern Halt,

Ich kann ihr – und ich will ihr nicht entrinnen:
Als wärens Wege, die zur Heimat führen,
Reißt es nach vorwärts mich mit allen Sinnen
Ins Ungewisse, und ich kann schon spüren
Ein unbegreiflich riesiges Genügen
Im Vorgefühl: ich werde dies gewinnen:
Schmerzen zu leiden, Schmerzen zuzufügen.
Nun spür ich schaudernd etwas mich umgeben.
Es türmt sich auf bis an die hohen Sterne,
Und seinen Namen weiß ich nun: das Leben.

PROLOGE UND TRAUERREDEN

PROLOG ZU DEM BUCH »ANATOL«

Hohe Gitter, Taxushecken,
Wappen nimmermehr vergoldet,
Sphinxe, durch das Dickicht schimmernd ...
... Knarrend öffnen sich die Tore. –
Mit verschlafenen Kaskaden
Und verschlafenen Tritonen,
Rokoko, verstaubt und lieblich,
Seht ..., das Wien des Canaletto,
Wien von siebzehnhundertsechzig ...
... Grüne, braune, stille Teiche,
Glatt und marmorweiß umrandet,
In dem Spiegelbild der Nixen
Spielen Gold- und Silberfische ...
Auf dem glattgeschornen Rasen
Liegen zierlich gleiche Schatten
Schlanker Oleanderstämme;
Zweige wölben sich zur Kuppel,
Zweige neigen sich zur Nische
Für die steifen Liebespaare,
Heroinen und Heroen ...
Drei Delphine gießen murmelnd
Fluten in ein Muschelbecken ...
Duftige Kastanienblüten
Gleiten, schwirren leuchtend nieder
Und ertrinken in den Becken ...
... Hinter einer Taxusmauer
Tönen Geigen, Klarinetten,
Und sie scheinen den graziösen
Amoretten zu entströmen,
Die rings auf der Rampe sitzen,
Fiedelnd oder Blumen windend,

Selbst von Blumen bunt umgeben,
Die aus Marmorvasen strömen:
Goldlack und Jasmin und Flieder ...
... Auf der Rampe, zwischen ihnen
Sitzen auch kokette Frauen,
Violette Monsignori ...
Und im Gras, zu ihren Füßen
Und auf Polstern, auf den Stufen
Kavaliere und Abbati ...
Andre heben andre Frauen
Aus den parfümierten Sänften ...
... Durch die Zweige brechen Lichter,
Flimmern auf den blonden Köpfchen,
Scheinen auf den bunten Polstern,
Gleiten über Kies und Rasen,
Gleiten über das Gerüste,
Das wir flüchtig aufgeschlagen.
Wein und Winde klettert aufwärts
Und umhüllt die lichten Balken,
Und dazwischen farbenüppig
Flattert Teppich und Tapete,
Schäferszenen, keck gewoben,
Zierlich von Watteau entworfen ...

Eine Laube statt der Bühne,
Sommersonne statt der Lampen,
Also spielen wir Theater,
Spielen unsre eignen Stücke,
Frühgereift und zart und traurig,
Die Komödie unsrer Seele,
Unsres Fühlens Heut und Gestern,
Böser Dinge hübsche Formel,
Glatte Worte, bunte Bilder,

Halbes, heimliches Empfinden,
Agonieen, Episoden ...
Manche hören zu, nicht alle ...
Manche träumen, manche lachen,
Manche essen Eis... und manche
Sprechen sehr galante Dinge ...
... Nelken wiegen sich im Winde,
Hochgestielte, weiße Nelken,
Wie ein Schwarm von weißen Faltern,
Und ein Bologneserhündchen
Bellt verwundert einen Pfau an.

ZU EINEM BUCH ÄHNLICHER ART

Merkt auf, merkt auf! Die Zeit ist sonderbar,
Und sonderbare Kinder hat sie: Uns!
Wer allzusehr verliebt ist in das Süße,
Erträgt uns nicht, denn unsre Art ist herb,
Und unsre Unterhaltung wunderlich.
  »Schlagt eine kleine Bühne auf im Zimmer,
Denn die Haustochter will Theater spielen!«
Meint ihr, sie wird als kleine Muse kommen,
Mit offnem Haar, und in den bloßen Armen
Wird eine leichte goldne Leier liegen?
Meint ihr als Schäferin, ein weißes Lamm
Am blauen Seidenband und auf den Lippen
Ein Lächeln, süß und billig wie die Reime
In Schäferspielen? Auf! und geht hinaus!
Geht fort, ich bitt euch, wenn ihr das erwartet!
Ihr könnt uns nicht ertragen, wir sind anders!
Wir haben aus dem Leben, das wir leben,
Ein Spiel gemacht, und unsere Wahrheit gleitet
Mit unserer Komödie durcheinander
Wie eines Taschenspielers hohle Becher –
Je mehr ihr hinseht, desto mehr betrogen!
Wir geben kleine Fetzen unsres Selbst
Für Puppenkleider. Wie die wahren Worte –
(An denen Lächeln oder Tränen hängen
Gleich Tau an einem Busch mit rauhen Blättern)
Erschrecken müssen, wenn sie sich erkennen,
In dieses Spiel verflochten, halb geschminkt,
Halb noch sich selber gleich, und so entfremdet
Der großen Unschuld, die sie früher hatten!
Ward je ein so verworrnes Spiel gespielt?
Es stiehlt uns von uns selbst und ist nicht lieblich

Wie Tanzen oder auf dem Wasser Singen,
Und doch ist es das reichste an Verführung
Von allen Spielen, die wir Kinder wissen,
Wir Kinder dieser sonderbaren Zeit.

    Was wollt ihr noch? So sind wir nun einmal,
    Doch wollt ihr wirklich solche Dinge hören,
    Bleibt immerhin! Wir lassen uns nicht stören.

ZUM GEDÄCHTNIS DES
SCHAUSPIELERS MITTERWURZER

Er losch auf einmal aus so wie ein Licht.
Wir trugen alle wie von einem Blitz
Den Widerschein als Blässe im Gesicht.

Er fiel: da fielen alle Puppen hin,
In deren Adern er sein Lebensblut
Gegossen hatte; lautlos starben sie,
Und wo er lag, da lag ein Haufen Leichen,
Wüst hingestreckt: das Knie von einem Säufer
In eines Königs Aug gedrückt, Don Philipp
Mit Caliban als Alp um seinen Hals,
Und jeder tot.

Da wußten wir, wer uns gestorben war:
Der Zauberer, der große, große Gaukler!
Und aus den Häusern traten wir heraus
Und fingen an zu reden, wer er war.
Wer aber war er, und wer war er nicht?

Er kroch von einer Larve in die andre,
Sprang aus des Vaters in des Sohnes Leib
Und tauschte wie Gewänder die Gestalten.

Mit Schwertern, die er kreisen ließ so schnell,
Daß niemand ihre Klinge funkeln sah,
Hieb er sich selbst in Stücke: Jago war
Vielleicht das eine, und die andre Hälfte
Gab einen süßen Narren oder Träumer.
Sein ganzer Leib war wie der Zauberschleier,
In dessen Falten alle Dinge wohnen:

Er holte Tiere aus sich selbst hervor:
Das Schaf, den Löwen, einen dummen Teufel
Und einen schrecklichen, und den, und jenen,
Und dich und mich. Sein ganzer Leib war glühend,
Von innerlichem Schicksal durch und durch
Wie Kohle glühend, und er lebte drin
Und sah auf uns, die wir in Häusern wohnen,
Mit jenem undurchdringlich fremden Blick
Des Salamanders, der im Feuer wohnt.

Er war ein wilder König. Um die Hüften
Trug er wie Muscheln aufgereiht
Die Wahrheit und die Lüge von uns allen.
In seinen Augen flogen unsre Träume
Vorüber, wie von Scharen wilder Vögel
Das Spiegelbild in einem tiefen Wasser.

Hier trat er her, auf eben diesen Fleck,
Wo ich jetzt steh, und wie im Tritonshorn
Der Lärm des Meeres eingefangen ist,
So war in ihm die Stimme alles Lebens:
Er wurde groß. Er war der ganze Wald,
Er war das Land, durch das die Straßen laufen.
Mit Augen wie die Kinder saßen wir
Und sahn an ihm hinauf wie an den Hängen
Von einem großen Berg: in seinem Mund
War eine Bucht, drin brandete das Meer.

Denn in ihm war etwas, das viele Türen
Aufschloß und viele Räume überflog:
Gewalt des Lebens, diese war in ihm.
Und über ihn bekam der Tod Gewalt!
Blies aus die Augen, deren innrer Kern

Bedeckt war mit geheimnisvollen Zeichen,
Erwürgte in der Kehle tausend Stimmen
Und tötete den Leib, der Glied für Glied
Beladen war mit ungebornem Leben.

Hier stand er. Wann kommt einer, der ihm gleicht?
Ein Geist, der uns das Labyrinth der Brust,
Bevölkert mit verständlichen Gestalten,
Erschließt aufs neu zu schauerlicher Lust?
Die er uns gab, wir konnten sie nicht halten
Und starren nun bei seines Namens Klang
Hinab den Abgrund, der sie uns verschlang.

AUF DEN TOD DES SCHAUSPIELERS
HERMANN MÜLLER

Dies Haus und wir, wir dienen einer Kunst,
Die jeden tiefen Schmerz erquicklich macht
Und schmackhaft auch den Tod.

Und er, den wir uns vor die Seele rufen,
Er war so stark! Sein Leib war so begabt,
Sich zu verwandeln, daß es schien, kein Netz
Vermöchte ihn zu fangen! Welch ein Wesen!
Er machte sich durchsichtig, ließ das Weiße
Von seinem Aug die tiefste Heimlichkeit,
Die in ihm schlief, verraten, atmete
Die Seele der erdichteten Geschöpfe
Wie Rauch in sich und trieb sie durch die Poren
Von seinem Leib ans Tageslicht zurück.
Er schuf sich um und um, da quollen Wesen
Hervor, kaum menschlich, aber so lebendig –
Das Aug bejahte sie, ob nie zuvor
Dergleichen es geschaut: ein einzig Blinzeln,
Ein Atemholen zeugte, daß sie waren
Und noch vom Mutterleib der Erde dampften!
Und Menschen! Schließt die Augen, denkt zurück!
Bald üppige Leiber, drin nur noch im Winkel
Des Augs ein letztes Fünkchen Seele glost,
Bald Seelen, die um sich, nur sich zum Dienst
Ein durchsichtig Gehäus, den Leib, erbauen:
Gemeine Menschen, finstre Menschen, Könige,
Menschen zum Lachen, Menschen zum Erschaudern –
Er schuf sich um und um: da standen sie.
Doch wenn das Spiel verlosch und sich der Vorhang
Lautlos wie ein geschminktes Augenlid

Vor die erstorbne Zauberhöhle legte
Und er hinaustrat, da war eine Bühne
So vor ihm aufgetan wie ein auf ewig
Schlafloses aufgerißnes Aug, daran
Kein Vorhang je mitleidig niedersinkt:
Die fürchterliche Bühne Wirklichkeit.
Da fielen der Verwandlung Künste alle
Von ihm, und seine arme Seele ging
Ganz hüllenlos und sah aus Kindesaugen.
Da war er in ein unerbittlich Spiel
Verstrickt, unwissend, wie ihm dies geschah;
Ein jeder Schritt ein tiefrer als der frühere
Und unerbittlich jedes stumme Zeichen:
Das Angesicht der Nacht war mit im Bund,
Der Wind im Bund, der sanfte Frühlingswind,
Und alle *gegen* ihn! Nicht den gemeinen,
Den zarten Seelen stellt das dunkle Schicksal
Fallstricke dieser Art. Dann kam ein Tag,
Da hob er sich, und sein gequältes Auge
Erfüllte sich mit Ahnung und mit Traum,
Und festen Griffs, wie einen schweren Mantel,
Warf er das Leben ab und achtete
Nicht mehr, denn Staub an seines Mantels Saum,
Die nun in nichts zerfallenden Gestalten.

So denkt ihn. Laßt ehrwürdige Musik
Ihn vor euch rufen, ahnet sein Geschick
Und mich laßt schweigen, denn hier ist die Grenze,
Wo Ehrfurcht mir das Wort im Mund zerbricht.

VERSE ZUM GEDÄCHTNIS
DES SCHAUSPIELERS JOSEF KAINZ

O hätt ich seine Stimme, hier um ihn
Zu klagen! Seinen königlichen Anstand,
Mit meiner Klage dazustehn vor euch!
Dann wahrlich wäre diese Stunde groß
Und Glanz und Königtum auf mir, und mehr
Als Trauer: denn dem Tun der Könige
Ist Herrlichkeit und Jubel beigemengt,
Auch wo sie klagen und ein Totenfest begehn.

O seine Stimme, daß sie unter uns
Die Flügel schlüge! – Woher tönte sie?
Woher drang dies an unser Ohr? Wer sprach
Mit solcher Zunge? Welcher Fürst und Dämon
Sprach da zu uns? Wer sprach von diesen Brettern
Herab? Wer redete da aus dem Leib
Des Jünglings Romeo, wer aus dem Leib
Des unglückseligen Richard Plantagenet
Oder des Tasso? Wer?
Ein Unverwandelter in viel Verwandlungen,
Ein niebezauberter Bezauberer,
Ein Ungerührter, der uns rührte, einer,
Der fern war, da wir meinten, er sei nah,
Ein Fremdling über allen Fremdlingen,
Einsamer über allen Einsamen,
Der Bote aller Boten, namenlos
Und Bote eines namenlosen Herrn.
Er ist an uns vorüber. Seine Seele
War eine allzu schnelle Seele, und
Sein Aug glich allzusehr dem Aug des Vogels.
Dies Haus hat ihn gehabt – doch hielt es ihn?

Wir haben ihn gehabt – er fiel dahin,
Wie unsre eigne Jugend uns entfällt,
Grausam und prangend gleich dem Wassersturz.

O Unrast! O Geheimnis, offenkundiges
Geheimnis menschlicher Natur! O Wesen,
Wer warest du? O Schweifender! O Fremdling!
O nächtlicher Gespräche Einsamkeit
Mit deinen höchst zufälligen Genossen!
O starrend tiefe Herzenseinsamkeit!
O ruheloser Geist! Geist ohne Schlaf!
O Geist! O Stimme! Wundervolles Licht!
Wie du hinliefest, weißes Licht, und rings
Ins Dunkel aus den Worten dir Paläste
Hinbautest, drin für eines Herzschlags Frist
Wir mit dir wohnten – Stimme, die wir nie
Vergessen werden – o Geschick – o Ende –
Geheimnisvolles Leben! Dunkler Tod!

O wie das Leben um ihn rang und niemals
Ihn ganz verstricken konnte ins Geheimnis
Wollüstiger Verwandlung! Wie er *blieb*!
Wie königlich er standhielt! Wie er schmal,
Gleich einem Knaben, *stand*! O kleine Hand
Voll Kraft, o kleines Haupt auf feinen Schultern,
O vogelhaftes Auge, das verschmähte,
Jung oder alt zu sein, schlafloses Aug,
O Aug des Sperbers, der auch vor der Sonne
Den Blick nicht niederschlägt, o kühnes Aug,
Das beiderlei Abgrund gemessen hat,
Des Lebens wie des Todes – Aug des Boten!
O Bote aller Boten, Geist! Du Geist!
Dein Bleiben unter uns war ein Verschmähen,

Fortwollender! Enteilter! Aufgeflogener!

Ich klage nicht um dich. Ich weiß jetzt, wer du warst,
Schauspieler ohne Maske du, Vergeistiger,
Du bist empor, und wo mein Auge dich
Nicht sieht, dort kreisest du, dem Sperber gleich,
Dem Unzerstörbaren, und hältst in Fängen
Den Spiegel, der ein weißes Licht herabwirft,
Weißer als das Licht der Sterne: dieses Lichtes
Bote und Träger bist du immerdar,
Und als des Schwebend-Unzerstörbaren
Gedenken wir des Geistes, der du bist.

O Stimme! Seele! aufgeflogene!

ZU EINER TOTENFEIER FÜR ARNOLD BÖCKLIN

*(In die letzten Takte der Symphonie tritt der Prolog auf,
seine Fackelträger hinter ihm. – Der Prolog ist ein Jüngling;
er ist venezianisch gekleidet, ganz in Schwarz, als ein Trau-
ernder.)*

Nun schweig, Musik! Nun ist die Szene mein,
Und ich will klagen, denn mir steht es zu!
Von dieser Zeiten Jugend fließt der Saft
In mir; und er, des Standbild auf mich blickt,
War meiner Seele so geliebter Freund!
Und dieses Guten hab ich sehr bedurft,
Denn Finsternis ist viel in dieser Zeit,
Und wie der Schwan, ein selig schwimmend Tier,
Aus der Najade triefend weißen Händen
Sich seine Nahrung küßt, so bog ich mich
In dunklen Stunden über seine Hände
Um meiner Seele Nahrung: tiefen Traum.
Schmück ich dein Bild mit Zweig und Blüten nur?
Und du hast mir das Bild der Welt geschmückt
Und aller Blütenzweige Lieblichkeit
Mit einem solchen Glanze überhöht,
Daß ich mich trunken an den Boden warf
Und jauchzend fühlte, wie sie ihr Gewand
Mir sinken ließ, die leuchtende Natur!
Hör mich, mein Freund! Ich will nicht Herolde
Aussenden, daß sie deinen Namen schrein
In die vier Winde, wie wenn Könige sterben:
Ein König läßt dem Erben seinen Reif
Und einem Grabstein seines Namens Schall.
Doch du warst solch ein großer Zauberer,
Dein Sichtbares ging fort, doch weiß ich nicht,

Was da und dort nicht alles von dir bleibt,
Mit heimlicher fortlebender Gewalt
Sich dunklen Auges aus der nächtigen Flut
Zum Ufer hebt – oder sein haarig Ohr
Hinter dem Efeu horchend reckt,
                                        drum will ich
Nie glauben, daß ich irgendwo allein bin,
Wo Bäume oder Blumen sind, ja selbst
Nur schweigendes Gestein und kleine Wölkchen
Unter dem Himmel sind: leicht daß ein Etwas,
Durchsichtiger wie Ariel, mir im Rücken
Hingaukelt, denn ich weiß: geheimnisvoll
War zwischen dir und mancher Kreatur
Ein Bund geknüpft, ja! und des Frühlings Au,
Siehe, sie lachte dir so, wie ein Weib
Den anlacht, dem sie in der Nacht sich gab!

Ich meint um dich zu klagen, und mein Mund
Schwillt an von trunkenem und freudigem Wort:
Drum ziemt mir nun nicht länger hier zu stehen.
Ich will den Stab dreimal zu Boden stoßen
Und dies Gezelt mit Traumgestalten füllen.
Die will ich mit der Last der Traurigkeit
So überbürden, daß sie schwankend gehn,
Damit ein jeder weinen mag und fühlen:
Wie große Schwermut allem unsern Tun
Ist beigemengt.
                        Es weise euch ein Spiel
Das Spiegelbild der bangen, dunklen Stunde,
Und großen Meisters trauervollen Preis
Vernehmet nun aus schattenhaftem Munde!

NACHLESE DER GEDICHTE

WELT UND ICH

Geh hin, mein Lied, zum Riesen Atlas, der
Den Bau der Welt mit Arm und Nacken stützt,
Und sag: »Du magst ins Hesperidenland
Jetzt gehn und Äpfel pflücken, wenn dir's nützt.

Mein Herr will untertreten deiner Last,
Wie einer eine leichte Laute hält,
Die murmelnde, wie eine Schüssel Obst,
So trägt er auf den Armen diese Welt.
Das tiefe Meer mit Ungeheuern drin,
Die alles Lebens dumpfe Larven sind;
Die Bäume, deren Wurzel dunkel saugt
Und deren Krone voller Duft und Wind;
Und Mondlicht, das durch Laub zur Erde trieft,
Und Rasen, drauf der Schlaf die Menschen legt,
Gleich stummen Krügen, jeder angefüllt
Mit einer ganzen Welt: ...
                                das alles trägt
Mein Herr auf seinen Armen dir zu Dienst
Und zittert nicht und hält es gerne gut,
So wie ein Silberbecken, angefüllt
Mit leiser redender, lebend'ger Flut.«

Tritt hin, mein Lied, zum Atlas, sag ihm dies,
Und wenn der Riese Atlas dir nicht glaubt,
Sprich: »Wie ertrüg er sie im Arme nicht,
Mein Herr, da er sie lächelnd trägt im Haupt?«

16. Dezember 1893

LEBEN

Die Sonne sinkt den lebenleeren Tagen
Und sinkt der Stadt vergoldend und gewaltig,
So wie sie sank der Zeit, die viel zu sagen
Und viel zu schenken hatte, vielgestaltig.
Und Schatten scheint die goldne Luft zu tragen
Versunkener Tage, blaß und zartgestaltig,
Und alle Stunden, die vorübergleiten,
Verhüllt ein Hauch verklärter Möglichkeiten.

Ein Morgen war in blassen weiten Gärten,
Von kühlem Duft und Einsamkeit durchzogen,
Die Sonne steigt, es finden sich Gefährten
Aus Lauben tretend, aus lebendigen Bogen,
Und die Gedanken, die sich funkelnd mehrten
Und aus der Einsamkeit die Schönheit sogen,
Ergießen sich in losgebundenen Scharen
Mit offenen Lippen, Efeu in den Haaren.

Und alle Dinge werden uns lebendig:
Im Winde weht der Atem der Mänaden,
Aus dunklen Teichen winkt es silberhändig,
Und die verträumten flüstern, die Dryaden,
In leisen Schauern sehnend und beständig
Von nächtigen geheimnisvollen Gnaden
Mit gelbem warmem Mond und stillem Prangen
Und vieler Schönheit, die vorbeigegangen.

Doch aus dem Garten sind wir schon getreten:
Auf goldenen Fluten harren die Galeeren
Mit Flötenklang und Segeln, weißgeblähten …
Und weiter Treppen königliche Ehren

Mit Purpurprunk und silbernen Trompeten ...
Und von berühmten griechischen Hetären
In goldenes Braun und Pfirsichbrot gehüllt,
Ist der Balkone Gitterwerk erfüllt.

Es gleitet flink durch dunkelblaue Wogen
Das goldene Schiff der Insel nun entgegen,
Der Flötenschall ist singend vorgeflogen,
Und auf den blumen-überquollenen Wegen
Aus des Theaters schwarzem Marmorbogen
Sieht man den Chor sich feierlich bewegen,
Um Bacchus und die Musen anzurufen,
Die aus dem Rausche die Tragödie schufen.

Im Fackelschein, wo alle Schatten schwanken,
Ist die Tragödie königlich beendet,
Mit schweren reifen purpurnen Gedanken
Sind wir zur Heimfahrt durch die Nacht gewendet.
Und wie die Formen all in Dunkel sanken,
So hat auch alles Irdische geendet,
Und wie der Schlaf im leisen Takt der Wogen –
Willkommen käme jetzt der Tod gezogen.

1892

REGEN IN DER DÄMMERUNG

Der wandernde Wind auf den Wegen
War angefüllt mit süßem Laut,
Der dämmernde rieselnde Regen
War mit Verlangen feucht betaut.

Das rinnende rauschende Wasser
Berauschte verwirrend die Stimmen
Der Träume, die blasser und blasser
Im schwebenden Nebel verschwimmen.

Der Wind in den wehenden Weiden,
Am Wasser der wandernde Wind
Berauschte die sehnenden Leiden,
Die in der Dämmerung sind.

Der Weg im dämmernden Wehen
Er führte zu keinem Ziel,
Doch war er gut zu gehen
Im Regen, der rieselnd fiel.

8. Juni 1892

PSYCHE

Psyche, my soul.

EDGAR POE

…und Psyche, meine Seele, sah mich an
Von unterdrücktem Weinen blaß und bebend
Und sagte leise: »Herr, ich möchte sterben,
Ich bin zum Sterben müde und mich friert.«

O Psyche, Psyche, meine kleine Seele,
Sei still, ich will dir einen Trank bereiten,
Der warmes Leben strömt durch alle Glieder.
Mit gutem warmem Wein will ich dich tränken,
Mit glühendem sprühendem Saft des lebendigen
Funkelnden, dunkelnden, rauschend unbändigen,
Quellenden, schwellenden, lachenden Lebens,
Mit Farben und Garben des trunkenen Bebens:
Mit sehnender Seele von weinenden Liedern,
Mit Ballspiel und Grazie von tanzenden Gliedern,
Mit jauchzender Schönheit von sonnigem Wehen
Hellrollender Stürme auf schwarzgrünen Seen,
Mit Gärten, wo Rosen und Efeu verwildern,
Mit blassen Frauen und leuchtenden Bildern,
Mit fremden Ländern, mit violetten
Gelbleuchtenden Wolken und Rosenbetten,
Mit heißen Rubinen, grüngoldenen Ringen
Und allen prunkenden duftenden Dingen.

Und Psyche, meine Seele, sah mich an
Und sagte traurig: »alle diese Dinge
Sind schal und trüb und tot. Das Leben hat
Nicht Glanz und Duft. Ich bin es müde, Herr.«

Ich sagte: noch weiß ich wohl eine Welt,
Wenn dir die lebendige nicht gefällt.
Mit wunderbar nie vernommenen Worten
Reiß ich dir auf der Träume Pforten:
Mit goldenglühenden, süßen lauen
Wie duftendes Tanzen von lachenden Frauen,
Mit monddurchsickerten nächtig webenden
Wie fiebernde Blumenkelche bebenden,
Mit grünen, rieselnden, kühlen, feuchten
Wie rieselndes grünes Meeresleuchten,
Mit trunken tanzenden, dunklen, schwülen
Wie dunkelglühender Geigen Wühlen,
Mit wilden wehenden, irren und wirren
Wie großer nächtiger Vögel Schwirren,
Mit schnellen und gellenden, heißen und grellen
Wie metallner Flüsse grellblinkende Wellen ...
Mit vielerlei solchen verzauberten Worten
Werf ich dir auf der Träume Pforten:
Den goldenen Garten mit duftenden Auen
Im Abendrot schwimmend, mit lachenden Frauen,
Das rauschende violette Dunkel
Mit weißleuchtenden Bäumen und Sterngefunkel,
Den flüsternden, braunen, vergessenen Teich
Mit kreisenden Schwänen und Nebel bleich,
Die Gondeln im Dunkeln mit seltsamen Lichtern,
Schwülduftenden Blumen und blassen Gesichtern,
Die Heimat der Winde, die nachts wild wehen,
Mit riesigen Schatten auf traurigen Seen,
Und das Land von Metall, das in schweigender Glut
Unter eisernem grauem Himmel ruht ...

Juli 1892

Da sah mich Psyche, meine Seele, an
Mit bösem Blick und hartem Mund und sprach:
»Dann muß ich sterben, wenn du so nichts weißt
Von allen Dingen, die das Leben will.«

9. Dezember 1893

WOLKEN

Am nächtigen Himmel
Ein Drängen und Dehnen,
Wolkengewimmel
In hastigem Sehnen,

In lautloser Hast
– Von welchem Zug
Gebietend erfaßt? –
Gleitet ihr Flug,

Es schwankt gigantisch
Im Mondesglanz
Auf meiner Seele
Ihr Schattentanz,

Wogende Bilder,
Kaum noch begonnen,
Wachsen sie wilder,
Sind sie zerronnen,

Ein loses Schweifen …
Ein Halb-verstehn … .
Ein Flüchtig-ergreifen …
Ein Weiterwehn …

Ein lautloses Gleiten,
Ledig der Schwere,
Durch aller Welten
Blauende Leere.

1892

CANTICUM CANTICORUM
IV. 12-16

Du bist der verschlossene Garten,
Deine kindischen Hände warten,
Deine Lippen sind ohne Gewalt.
Du bist die versiegelte Quelle,
Des Lebens starre Schwelle,
Unwissend herb und kalt.

Nimm, Wind von Norden, Flügel,
Lauf, Südwind, über die Hügel
Und weh durch diesen Hain!
Laß alle Düfte triefen,
Aus starren Schlafes Tiefen
Das Leben sich befrein!

1893

HIRTENKNABE SINGT
für die Landstraße des Lebens

Am Waldesrand im Gras
Hab ich geschlafen;
Goldne Sonnenpfeile
Dicke heiße trafen
Meine Augenlider
Meine kühlen Glieder.

Hatte an meinem Arm
Angeschmiegt Stirn und Wang,
Träumte so, lang und tief,
Träumte so, warm und bang:
Und ich war nicht allein,
Zu meiner Schläfen Blut
Rauschte ein fremd Geräusch
Leise herein.

Meint, ich läg im Arme
Der Geliebten da,
Still dem leisen Fließen
Ihrer Adern nah,
Hörte mit geduckten
Und gespannten Sinnen
Ihres Lebens Leben
Leise rauschend rinnen.

Kühler Wind weckte mich,
Doch Rauschen blieb
Und Traum und Blut
Zu Kopf mir trieb.
Heiß sprang ich auf

Und ließ den Ort,
Doch leises Rauschen
Umgab mich fort.

Aber allein! und kalt!
Unter dem dunklen Wald
Rauschte mit fernem Schwall
Leise der Wasserfall
Leise empor
Jetzt wie zuvor ...

Was ich an mich gedrückt,
Was mich so warm beglückt,
Läßt mich im weiten Raum
Schauernd allein.
Läßt mich und weiß von nichts,
Scholl in mein Leben
Fremde hinein.

18. Juli 1893

Wenn kühl der Sommermorgen graut
Vom Himmel rosig wie Heidekraut,
Wie rosige Blüte von Heidekraut
Die blasse Sichel niederschaut:

Dann gehen auf silbernen Sohlen da
Aus ihres Gartens Tor
Umgürtet mit Schönheit und Schweigen ja
Die jüngsten Träume hervor.

Sie gehen durch eine blasse
Leisrauschende Pappelallee,
Durch eine Heckengasse
Und durch den duftigen Klee,

Sie öffnen mit feinen Fingern leis
Am dämmernden Hause das Tor
Und gehen die kleine Treppe leis
Zu deiner Kammer empor,

An deinem Bett sie stehen lang
Und haben keinen Mut,
Auf deine Seele sie horchen bang,
Die siedet und nicht ruht.

Sie sind für dich gekommen weh!
Du atmest allzu schwer,
Rückgehen sie beklommen weh!
Hin, wo sie kamen her,
Hin, wo der Sommermorgen graut
Wie rosig Blühn von Heidekraut.

24. Oktober 1893

LEBEN TRAUM UND TOD …

Leben Traum und Tod …
Wie die Fackel loht!
Wie die Erzquadrigen
Über Brücken fliegen,
Wie es drunten saust,
An die Bäume braust,
Die an steilen Ufern hängen,
Schwarze Riesenwipfel aufwärts drängen …

Leben Traum und Tod …
Leise treibt das Boot …
Grüne Uferbänke
Feucht im Abendrot,
Stiller Pferde Tränke,
Herrenloser Pferde …
Leise treibt das Boot …

Treibt am Park vorbei,
Rote Blumen, Mai,
In der Laube wer?
Sag wer schläft im Gras?
Gelb Haar, Lippen rot?
Leben Traum und Tod.

24. Dezember

Ich ging hernieder weite Bergesstiegen
Und fühlt im wundervollen Netz mich liegen,
In Gottes Netz, im Lebenstraum gefangen.
Die Winde liefen und die Vögel sangen.

Wie trug, wie trug das Tal den Wasserspiegel!
Wie rauschend stand der Wald, wie schwoll der Hügel!
Hoch flog ein Falk, still leuchtete der Raum:
Im Leben lag mein Herz, in Tod und Traum.

BRIEF

Dichter, nicht vergessen hab ich deiner
Während du die schönen Wege gingest
Goldene Lebensfrüchte
Aus dunklem Laub zu pflücken
Und schauernde Gedanken
Aus Nymphenhänden.
Oft gedacht ich deiner
Aber ein Mal vor allen:
Da war mystischer Vollmond
Mir über der Stirn
Ein leuchtendes Ding, ein Land
Hoch im leeren Raum.
Ich schaut ihn an
Und wuchs empor
Und kam ihm näher
Und meint er käm zu mir,
– Wie einer über des gleitenden Schiffes Bord gebeugt
Auf leerem blauem schweigenden Meer
Einer Insel entgegenstarrt
Und meint sie glitt ihm entgegen
Die leuchtende, mit Blumenfüßen –
So wuchs ich auf
Dem Mond entgegen riesengroß
Vergessend meiner Füße
Und der dunklen Erde unter mir.

Ein solcher muß ich da geworden sein
Wie der Genius der Zeit
Der Gebieter der Dinge
Steinäugig, gewappnet
Kolossalisch hinschreitend

Über die Reiche ...
Wenn seine Sohlen im Flußbett wandeln,
Reichen der Pinien von Kreideklippen
Des steilen Ufers emporgereckte
Schwarze Wipfel nicht auf
Lange nicht
An die mattsilberne Larve der Gorgo,
Die ihm die Stirne des Knies umbindet,
Nur unten die Schienen der schreitenden Beine
Spiegeln beim Blitzschein
Der schwarzen Pinien sturmschaukelnde Wipfel.
So schreit ich manchmal,
Kanäle Gärten Einöde Hügel
Zwischen den Schritten
Hin über die Welt,
Darin nichts Fremdes ist
In solchen Stunden ...:
All Gegenwart
All Sinn, all wie im Traum.

Da saßest auch du
Irgendwo
In meiner Welt
Über Bogen und korinthischem Gebälk
Einer römischen Ruine
In einem Vogelnest,
Einem Nest aus wilden Rosen und Schlingkraut,
Um dich die leere Luft,
Allein, ein Hirtengott, ein Pan
Und leuchtend unter dir die Lebensflut.

Und jetzt bist du daheim, nicht mehr ein Gott,
Im Schattenland, ein Schatten

Der grauen Heimat öde Schollen tretend –
Was ist das für ein Wort?
Wer redet solch ein Wort
Und ist ein Dichter?
Das Wort der Klage ist ein leeres Wort!

Hast du nicht deiner Sinne dumpfe Flur,
Darüber hin des Lebens Göttin dich
Die wilde jagt
Mit großen schwarzen Hunden,
Leben, Traum und Tod,
Drei großen schwarzen Hunden?
Hast du nicht Gabe,
Die Wesen zu schauen,
Nicht kalt von außen,
Nein aus dem Innern
Der Wesen zu schauen
Durch dumpfe Larven
Ins Weltgetriebe,
So wie der trunkene Faun aus der Maske,
Der grellbemalten Kürbismaske
Unheimlich schaut durch Augenlöcher.

Dezember 1893

KLEINE ERINNERUNGEN

Deine kleine Schwester
Hat ihre braunen Haare
Wie einen lebendigen Schleier,
Wie eine duftende Hecke
Vornüber fallen lassen
Und schaut, mit solchen Augen!
Durch einen duftenden Schleier,
Durch eine dunkle Hecke ...
Wie süß ist's, nur zu denken
An diese kleinen Dinge.

An allen sehnsüchtigen Zweigen
In deinem nächtigen Garten
Sind Früchte aufgegangen,
Lampions wie rote Früchte,
Und wiegen sich und leuchten
An den sehnsüchtigen Zweigen,
Darin der Nachtwind raschelt,
In deinem kleinen Garten ...

Wie süß ist's, nur zu denken
An diese kleinen Dinge ...

1. Dezember 1893

BESITZ

Großer Garten liegt erschlossen,
Weite schweigende Terrassen:
Müßt mich alle Teile kennen,
Jeden Teil genießen lassen!

Schauen auf vom Blumenboden
Auf zum Himmel durch Gezweige,
Längs dem Bach ins Fremde schreiten,
Niederwandeln sanfte Neige:

Dann, erst dann komm ich zum Weiher,
Der in stiller Mitte spiegelt,
Mir des Gartens ganze Freude
Träumerisch vereint entriegelt.

Aber solchen Vollbesitzes
Tiefe Blicke sind so selten!
Zwischen Finden und Verlieren
Müssen sie als göttlich gelten.

All in einem, Kern und Schale,
Dieses Glück gehört dem Traum ...
Tief begreifen und besitzen!
Hat dies wo im Leben Raum? ...

20. Dezember 1893

Ich lösch das Licht
Mit purpurner Hand,
Streif ab die Welt
Wie ein buntes Gewand

Und tauch ins Dunkel
Nackt und allein,
Das tiefe Reich
Wird mein, ich sein.

Groß' Wunder huschen
Durch Dickicht hin,
Quelladern springen
Im tiefsten Sinn,

O spräng noch manche,
Ich käm in' Kern,
Ins Herz der Welt
Allem nah, allem fern.

19. Dezember, nachts

GUTE STUNDE

Leise tratest an mein Bette
Lieblich rätselhafte Stunde
Mit so fremd vertrauten Augen,
Mit so süßem herbem Munde.

Unter deinem Blick erwacht ich
Und war erst als wie im Traum,
So verwandelt stand mein Zimmer,
Der vertraute kleine Raum:

Zwar von außen ganz wie immer,
Doch ein wundervolles Leben
Spürt ich mit erregten Sinnen
Unter jeder Hülle beben:

Als du Wasser mir ins Becken
Gossest, meint ich, in der Welle
Aus dem Krug in deinen Händen
Spräng lebendig eine Quelle.

Meines Bettes Füße sagten:
»Wir sind aus dem Leib geschnitten
Einer Esche, aus des schlanken
Rauschend jungen Leibes Mitten,

Aus dem Stamm, daraus der Flöten
Selig singend Holz sie schneiden,
Diesen kleinen Leib, durchbebt von
Namenlosen süßen Leiden . . .«

Meine Feder sagte: »Schreibe!
Aus dem zauberhaften Grund
Glüht's und zuckt's, und reden will ich
Große Dinge mit kindischem Mund!«

Vor den Fenstern übern Himmel
Flogen Morgenwolken hin
Und verwirrten erst unsäglich
Meinen still berauschten Sinn.

22. Januar 1894

FREMDES FÜHLEN

Ich ging spät abends neben dem Damm,
Nicht träumerisch, nicht wirklich froh,
Halb künftiger Schmerzen süßdumpf bewußt,
Halb sehnend um eine Zeit, die floh,

Wie einer, der eine Laute trägt,
Die ihm beim Gehn um die Schulter schlägt
Und drin so sehnsüchtig der Wind sich fängt,
Daß es ihm wie Erinnrung das Herz bedrängt.

Wir gingen den Weg spät abends zu zweit,
Der andere ging ihn schon vielemal,
Er kannt ihn so gut, fast bei jedem Baum
Befiel ihn Erinnern mit süßer Qual.

Zwischen Hecken tauchten Paare auf,
Verliebte, müde, dann und wann,
Mit welkem Flieder geschmückt und schauten
Uns durch die Dämmerung seltsam an,

Wie Menschen schauen, die ihre Welt
So trunken und traumhaft umfangen hält,
Sie schauen auf einen, als träten sie ein
Aus Dämmerung in einen grellen Schein.

Der neben mir kannte das alles so gut,
Sehnsücht'ge Erinnerung erregte sein Blut,
Er bebte, wie eine Laute bebt,
Wenn durch ihre Leere der Nachtwind schwebt.

Drum hab ich gesagt: ich war nicht froh,
Nicht traurig, nur ahnend ergriffen, so
Wie einer, der eine Laute trägt,
Die leise stöhnend das Herz ihm bewegt.

22. Januar 1894

NACH EINER DANTE-LEKTÜRE

Aus schwarzgewordnem Bronze-Gruftendeckel
Sind die berühmten schweren alten Verse
Kalt anzufühlen, unzerstörbar, tragend
Den Toten-Prunk, schwarzgrüne Wappenschilde
Und eine Inschrift, ehern auf dem Erz,
Die denken macht, doch keinen Schauer gibt.
Du liest und endlich kommst du an ein Wort,
Das ist, wie deine Seele oft geahnt
Und nie gewußt zu nennen, was sie meinte.
Von da hebt Zauber an. An jedem Sarg
Schlägt da von innen mit lebendgen Knöcheln
Das Leben, Schultern stemmen sich von unten,
Der Deckel dröhnt, wo zwischen Erz und Erz
Die schmalste Spalte, schieben Menschenfinger
Sich durch und aus den Spalten strömt ein Licht,
Ein Licht, ein wundervolles warmes Licht,
Das lang geruht im kühlen dunklen Grund
Und Schweigen in sich sog und Tiefen-Duft
Von nächtigen Früchten, – dieses Licht strömt auf,
Und auf die Deckel ihrer Grüfte steigen,
Den nackten Fuß in goldenen Sandalen,
Die tausende Lebendigen und schauen
Auf dich und das Spiel gespenstiger Reihen
Und reden mehr als du begreifen kannst.

MELUSINE

Im Grünen geboren,
Am Bache gefreit,
Wie ist mir das Leben
Das liebe so weit!

Heut hab ich geträumt
Von dem Wasser tief,
Wo ich im Dunkel
Nicht schlief, nicht schlief!

Was sich im Weiher
Spiegeln ging,
In meinen wachen
Augen sich fing:

Die traurigen Bäume,
Durch die es blinkt,
Wenn der Ball, der große,
Rot-atmend sinkt,

Die blassen Mädchen,
Die lautlos gehn,
Mit weißen Augen
Ins Dunkel sehn,

Und der Waldfrauen
Flüsternde Schar,
Mit Laub und Kronen
Im offenen Haar ...

Rotgoldne Kronen?
Und Perlschnüre schwer?
Ich hab es vergessen,
Ich find's nimmermehr.

1894

STILLE

Trübem Dunst entquillt die Sonne,
Zähen grauen Wolkenfetzen ...
Häßlich ist mein Boot geworden,
Alt und morsch mit wirren Netzen.

Gleichgetöntes Wellenplätschern
Schlägt den Kiel (er schaukelt träge),
Und die Flut mit Schaum und Flecken
Zeichnet noch die Spur der Wege.

Ferne vor dem trüben Himmel
Schweben graziöse Schatten,
– Helles Lachen schallt herüber –
Gleiten Gondeln flink, die glatten.

Fackeln haben sie und Flöten
Und auf Polstern: Blumen, Frauen ...
Langsam tauchen sie mir unter
In dem Dunst, dem schweren grauen ...

Stürme schlafen dort im Dunste:
Kämen sie noch heute abend
Ziehend auf die glatte Öde,
Wellentreibend brausend labend!

1894

TERZINEN

Zuweilen kommen niegeliebte Frauen
Im Traum als kleine Mädchen uns entgegen
Und sind unsäglich rührend anzuschauen,

Als wären sie mit uns auf fernen Wegen
Einmal an einem Abend lang gegangen,
Indes die Wipfel atmend sich bewegen

Und Duft herunterfällt und Nacht und Bangen,
Und längs des Weges, unsres Wegs, des dunkeln,
Im Abendschein die stummen Weiher prangen

Und, Spiegel unsrer Sehnsucht, traumhaft funkeln,
Und allen leisen Worten, allem Schweben
Der Abendluft und erstem Sternefunkeln

Die Seelen schwesterlich und tief erbeben
Und traurig sind und voll Triumphgepränge
Vor tiefer Ahnung, die das große Leben

Begreift und seine Herrlichkeit und Strenge.

25. Juli 1894

Wo ich nahe, wo ich lande,
Da im Schatten, dort im Sande
Werden sie sich zu mir setzen,
Und ich werde sie ergetzen,
Binden mit dem Schattenbande!

An den Dingen, die sie kennen,
Lehr ich sie Geheimes nennen,
Auf und Nieder ihrer Glieder
Und den Lauf der Sterne wieder,
Kaum vermögen sie's zu trennen!

Denn ich spreche: »Große Macht
Lenkt den Tag, versenkt die Nacht,
Doch in Euch versenkt sind gleiche
Sehr geheimnisvolle Reiche
Ruhig wie in einen Schacht.«

Daß sie mit verhaltnem Grauen
An sich selber niederschauen,
Von Geheimnis ganz durchwoben
Fühlen sich emporgehoben
Und den Himmel dunkler blauen!

26. Juli (1894)

GEDICHTE

I

Ich will den Schatten einziger Geschicke
Groß an den Boden der Gedichte legen,
Der jungen Helden ungeheure Blicke
Und andre Götter, die den Sinn bewegen.

Erst aber laßt uns von den Früchten essen:
Sie kommen aus den Bergen, aus dem Meer,
Aus schlummerlosen Königsgräbern her,
Wir wollen ihren Ursprung nicht vergessen

Und nicht daß sie vom Blut Geschwister sind
Mit uns und all den anderen Geschöpfen
Des großen Grabes, die den Abendwind
Mit Flügeln drücken oder schweren Köpfen.

Und wenn wir später in die Hände schlagen,
Wie Könige und Kinder tun,
So werden Sklaven der Musik geruhn
Ein übermenschlich Schicksal herzutragen
.......(......)

II

Ich will den Schatten einziger Geschicke
Groß an den Boden der Gedichte legen,
Der jungen Helden ungeheure Blicke
Und andre Götter, die den Sinn bewegen:

Dann sollst du über ihren Rand dich neigen
Und völlig hingegeben jenen Werken
Spät nur dein gleitend Bild darin bemerken
Mit einem wundervoll erschrocknen Schweigen.

AN EINE FRAU

Die wahre Ernte aller Dinge bleibt
Und blüht in hoher Luft wie lichte Zinken,
Das andere war nur da um wegzusinken.

Und irgendwie geheimnisvoll erträgt
Es unser Geist nur immer auszuruhen
Auf Gleitendem, wie die Meervögel tuen.

Wie führte uns verworrenes Gespräch
Verstellter Augen über öde Klippen!
Und unsere allzusehr beredten Lippen

Begierig, vielen Göttern Dienst zu tun!
Zu viele Schatten schwebten da verschlungen,
Und so sind wir einander zugedrungen

Wie dem Ertrinkenden das schöne Bild
Der weißen Bucht, das er nicht mehr gelassen
Erträgt, vielmehr schon anfängt es zu hassen.

Dies alles war nur da, um wegzusinken.
Es wohnen noch ganz andere Gewalten
In unserer Tänze namenlosen Falten.

Die Lider unserer Augen sind nicht gleich
Dem Fleisch der Früchte, und die jungen Mienen
Nicht einerlei mit Lämmern und Delphinen!

Und nur die Ernte aller Dinge bleibt:
So fand ich dich im Garten ohne Klippen,
Und großes Leben hing um deine Lippen,

Weil du von deiner Freundin losem Haar
Zu reden wußtest königlich wie eine,
Die wissen lernte, was das Leben meine.

Und hinter dir die Ebene niederziehn
Sah ich wie stille Gold- und Silberbäche
Die Wege deiner Niedrigkeit und Schwäche.

1896

INSCHRIFT

Entzieh dich nicht dem einzigen Geschäfte!
Vor dem dich schaudert, dieses ist das deine:
Nicht anders sagt das Leben, was es meine,
Und schnell verwirft das Chaos deine Kräfte.

1896

Wo kleine Felsen, kleine Fichten
Gegen freien Himmel stehen,
Könnt ihr kommen, könnt ihr sehen,
Wie wir trunken von Gedichten
Kindlich schmale Pfade wandern.
Sind nicht wir vor allen andern
Doch die unberührten Kinder?
Sind es nicht die Knaben minder
Und die Mädchen, jene andern?
Sind sie wahr in ihren Spielen
Jene andern, jene vielen?

1896

WIR GINGEN EINEN WEG

Wir gingen einen Weg mit vielen Brücken,
Und vor uns gingen drei, die ruhig sangen.
Ich sage dies, damit du dich entsinnst.
Da sagtest du und zeigtest nach dem Berg,
Der Schatten trug von Wolken und den Schatten
Der steilen Wände mit unsicheren Pfaden,
Du sagtest: »Wären dort wir zwei allein!«
Und deine Worte hatten einen Ton
So fremd wie Duft von Sandelholz und Myrrhen.
– Auch deine Wangen waren nicht wie sonst. –
Und mir geschah, daß eine trunkene Lust
Mich faßte, so wie wenn die Erde bebt
Und umgestürztes prunkvolles Gerät
Rings rollt und Wasser aus dem Boden quillt
Und einer taumelnd steht und doppelt sieht:
Denn ich war da und war zugleich auch dort,
Mit dir im Arm, und alle Lust davon
War irgendwie vermengt mit aller Lust,
Die dieser große Berg mit vielen Klüften
Hingibt, wenn einer ruhig wie der Adler
Mit ausgespannten Flügeln ihn umflöge.
Ich war mit dir im Arm auf jenem Berg,
Ich hatte alles Wissen seiner Höhe,
Der Einsamkeit, des nie betretnen Pfades
Und dich im Arm und alle Lust davon ...
Und als ich heut im Lusthaus beim Erwachen
An einer kühlen Wand das Bild der Götter
Und ihrer wunderbaren Freuden sah:
Wie sie mit leichtem Fuße, kaum mehr lastend,
Vom dünnen Dache weinumrankter Lauben
Ins Blaue tretend aufzuschweben schienen,

Wie Flammen ohne Schwere, mit dem Laut
Von Liedern und dem Klang der hellen Leier
Emporgeweht; da wurde es mir so,
Als dürft ich jenen letzten, die noch nah
Der Erde schienen, freundlich ihr Gewand
Anrühren, wie ein Gastfreund tuen darf
Von gleichem Rang und ähnlichem Geschick:
Denn ich gedachte jenes Abenteuers.

1897

DER BEHERRSCHTE

Auf einem hohen Berge ging ich, als
Mir Kunde ward, sie hätten dich gefunden
Und mir zur Beute dich mit Laubgewind
Am Turm in meinem Garten festgebunden.

Ich nahm den Heimweg mit gehaltnem Schritt,
Wie eine Flamme mir zur Seite flog
Das Spiegelbild von deinem offnen Haar
Und deinem Mund, der sich in Zürnen bog.

Wie eine Flamme. Aber ich war stolz,
Und ruhig schreitend spähte ich im Weiher
Das Spiel des Fisches, der das Dunkel sucht,
Und überm Wald den Horst von einem Geier.

1897

VOM SCHIFF AUS

Im Morgen, da an meines Bettes Band
Das Licht aus hellen Muschelwolken flog
Und leuchtend, den ich später niemals fand,
Den Felsenpfad schön in die Weite bog,

Ihr Mittagsstunden! großer dunkler Baum,
Wo seichtes Wachen und ein seichter Schlaf
Mich von mir selber stahl, daß an mein Ohr
Nie der versteckten Götter Anhauch traf!

Ihr Abende, wo ich geneigt vom Strand
Gespräche suchte, und sich Schultern nicht
Aus Feuchtem triefend hoben, und mein Hauch
Verklang im Streit der Schatten mit dem Licht:

Der geht jetzt fort, der aus des Lebens Hand
Hier keinen Schmerz empfangen und kein Glück:
Und läßt auch hier, weil er nicht anders kann,
Von seiner Seele einen Teil zurück.

1898

UNENDLICHE ZEIT

Wirklich, bist du zu schwach, dich der seligen Zeit
         zu erinnern?
Über dem dunkelnden Tal zogen die Sterne herauf,
Wir aber standen im Schatten und bebten. Die riesige
            Ulme
Schüttelte sich wie im Traum, warf einen Schauer herab
Lärmender Tropfen ins Gras: Es war keine Stunde
            vergangen
Seit jenem Regen! Und mir schien es unendliche Zeit.
Denn dem Erlebenden dehnt sich das Leben: es tuen sich
            lautlos
Klüfte unendlichen Traums zwischen zwei Blicken
           ihm auf:
In mich hätt ich gesogen dein zwanzigjähriges Dasein
– War mir, indessen der Baum noch seine Tropfen behielt.

1896

SÜDLICHE MONDNACHT

Werden zu doppelter Lust nun doppelte Tage geboren?
Ehe der eine versank, steigt schon der neue herauf!
Herrlich in Salben und Glanz, gedächtnislos wie ein
                                        Halbgott,
Deckt er mir Gärten und See zu mit erstarrendem Prunk.
Und der vertrauliche Baum wird fremd, fremd funkelt
                                    der Springbrunn,
Fremde und dunkle Gewalt drängt sich von außen
                                        in mich.
Sind dies die Büsche, darin die bunten Gedanken genistet?
Kaum mehr erkenn ich die Bank! Die ist's? Die lauernde,
                                        hier?
Aber sie ist's, denn im Netz der fleißigen, winzigen Spinne
Hängt noch der schimmernde Punkt! Komm ich mir selber
                                        zurück?
Als dein Brief heut kam – ich riß mit zu hastigen Fingern
Ungeduldig ihn auf –, flogen die Teilchen hinweg
Von dem zerrissenen Rand: sie sprühten wie Tropfen
                                    dem Trinker,
Wenn er zum Springbrunn sich drängt, um den
                                    verdürsteten Mund!
Ja, jetzt drängt sich's heran und kommt übers Wasser
                                    geschwommen,
Hebt sich mit lieblichem Arm rings aus dem Dunkel
                                        zu mir:
Wie ein Entzauberter atme ich nun, und erst recht nun
                                    verzaubert,
Und in der starrenden Nacht halt ich den Schlüssel des
                                        Glücks!

30. Juli 1898

DISTICHEN

Die ist die Lehre des Lebens, die erste und letzte
und tiefste,
Daß es uns löst vom Bann, den die Begriffe geknüpft.

Trennt ihr vom Inhalt die Form, so seid ihr nicht
schaffende Künstler,
Form ist vom Inhalt der Sinn, Inhalt das Wesen der Form.

14. Dezember 1893

Größe

Nennt ihr die Alpen so groß? leicht könnt ich viel größer
sie denken:
Aber den Markusplatz nicht, niemals den Dom von
Florenz.

Dichter und Gegenwart

»Wir sind dein Flügel, o Zeit, und halten dich
über dem Chaos.
Aber, verworrene Zeit, tragende Kralle wir auch?«
»Tröstet euch, dies ist von je. Und schaudert euch, daß ihr
erwählt seid –:
Schaudernde waren mir stets Flügel und Kralle wie ihr.«

Dichter und Stoff

Aus der verschütteten Gruft nur wollt ich ins Freie mich
wühlen:
Aber da brach ich dem Licht Bahn und die Höhle erglüht.

Dichtkunst

Fürchterlich ist diese Kunst! Ich spinn aus dem Leib mir
den Faden,
Und dieser Faden zugleich ist auch mein Weg durch
die Luft.

27. August 1898

Eigene Sprache

Wuchs dir die Sprache im Mund, so wuchs in die Hand
dir die Kette:
Zieh nun das Weltall zu dir! Ziehe! Sonst wirst du
geschleift.

Spiegel der Welt

»Einmal schon kroch ich den Weg«, im Mund eines
schlafenden Königs
Sprach's der gesprenkelte Wurm. – »Wann?« – »In des
Dichters Gehirn.«

Erkenntnis

Wüßt ich genau, wie dies Blatt aus seinem Zweige
                                        herauskam,
Schwieg ich auf ewige Zeit still: denn ich wüßte genug.

Namen

Visp heißt ein schäumender Bach. Ein anderer Name
                                        ist Goethe.
Dort kommt der Name vom Ding, hier schuf der Träger
                                        den Klang.

Worte

Manche Worte gibt's, die treffen wie Keulen. Doch manche
Schluckst du wie Angeln und schwimmst weiter und weißt
                                        es noch nicht.

Kunst des Erzählens

Schildern willst du den Mord? So zeig mir den Hund auf
                                        dem Hofe:
Zeig mir im Aug von dem Hund gleichfalls den Schatten
                                        der Tat.

Bedingung

Bist du die Höhle, darin die Ungebornen sich drängen,
Wird schon der Fleck an der Wand Nymphe und Reiter
und Pferd!

31. August 1898

DAS WORT

Ich weiß ein Wort
Und hör es fort:
Beschertes Glück
Nimm nie zurück!

Hör was ich sag:
Denk jeden Tag:
Beschertes Glück
Nimm nie zurück!

Und ist die Zeit
Dir einmal weit:
Beschertes Glück
Nimm nie zurück!

13. Juli 1899

KINDERGEBET

Lieber Gott und Engelein,
Laßt mich gut und fromm sein
Und laßt mir mein Hemdlein
Recht bald werden viel zu klein.

Laßt mich immer weiter gehn,
Viele gute Menschen sehn,
Wie sie aus den Augen sehn,
Laßt sogleich mich sie verstehn.

Und mit ihnen fort und fort
Freuen mich an gutem Ort,
Und zur Zeit der Einsamkeit
Gib, daß Sternenglanz mich freut.

DER NÄCHTLICHE WEG

Ich ging den Weg einmal: da war ich sieben,
So arm und reich!
Mir war, ich hielt ein nacktes Schwert in Händen,
Und selbst die Sterne bebten seinem Streich.

Mit siebzehn ging ich wiederum den Weg
Erst recht allein:
Ein Etwas huschte in den blassen Winden,
Von oben kam der fremden Welten Schein.

Nun führ ich dich, du spürst nur meine Hand:
Einst war ich sieben ...
Und das Vergangne glimmt, von Geisterhand
Mit blassem Schein ins Dunkel hingeschrieben!

9. August 1899

DAS ZEICHEN

Und wie wir uns ersehen,
Tief eins ins andre gehen,
Es bleibt doch nicht bestehen:
So wenig wie ein Kuß.

Es bleibt um Brust und Wangen
Nichts von so viel Verlangen,
Kein Zeichen bleibet hangen
Auch von so vielem Glück.

Und trügest du ein Zeichen,
Ein purpurrotes Zeichen,
Es müßte auch verbleichen,
Es ginge auch dahin!

Kein Zeichen bleibt zu lesen
Als tief in unserm Wesen:
Denn daß wir dies gewesen,
Das bleibt uns bis ans Grab.

November 1899

VERWANDLUNG
nach S. T. Coleridge

DICHTER:

Auf einmal war ein liebliches Gebild,
Auf einmal war's an meines Bettes Rand,
Saß neben mir und stützte seine Hand
Auf meine Kissen und sah still mich an,
Daß süßer Schauer mir das Mark durchrann,
Und ich begriff: dies ist mein wahres Ich,
Das lautlos sich zu mir herüberschlich
Und nun mit tiefen Blicken mich ernährt.
Doch ach! ich hatte mich ja nicht geregt,
Und schon! so schnell! wie es sich von mir kehrt,
Wie es auf einmal fremde Züge trägt
Versteinernd unter meinem müden Blick!
Und nun – sein Antlitz kam ihm nicht zurück –
Und dennoch: Fremde auf ein Fremdes starrend,
Fühlt ich im Innern einen Wahn beharrend,
Ein Wissen, das vom tiefsten Platz nicht wich,
Dies ist nicht Fremdes, sondern dies bin ich!

FREUND:

Soll von der Wirklichkeit dies Rätsel handeln?
Soll's etwas geben oder nur betören?
In welchem Zeitraum, laß uns mindest hören,
Sich zutrug dies entsetzliche Verwandeln?

DICHTER:

Bann es in eines Augenblickes Räume,
So ist's ein bröckelnd Nichts vom Land der Träume.
Nimm, Jahre haben dunkel dir gewirkt,
Du siehst, was jedes Leben in sich birgt.

1902

DICHTER SPRECHEN

Nicht zu der Sonne frühen Reise,
Nicht wenn die Abendwolken landen,
Euch Kindern, weder laut noch leise,
Ja, kaum uns selber sei's gestanden,
Auf welch geheimnisvolle Weise
Dem Leben wir den Traum entwanden
Und ihn mit Weingewinden leise
An unsres Gartens Brunnen banden.

1903

MIT HANDSCHUHEN
für Leopold Andrian

EINES DICHTERS HANDSCHUHE REDEN UND SAGEN:
Wir sind das Kleid für eine kleine Hand:
Aus dieser fällt dereinst auf Andrian
Mehr Gloria und goldnes Lorbeerlaub,
Als je die starken Hände heimgebracht
Der Vorgeborenen, die nun im Grab
Mit nackten weißen Knochen kreuzweis ruhn,
Und hätten sie gleich David auch geschleppt
Des Ruhmes abgeschlagnes Riesenhaupt
Um ihre Finger wickelnd sein Gelock!

DER DICHTER ANTWORTET:
Wie schlaffe Segel achte ich den Ruhm,
Wie Küsse, drin so wenig Liebe wohnt
Als süßer Traubensaft im Kern der Nuß,
Wie Schlaf und anderes, das kommt und geht:
Die alle sagen nichts: viel aber sagt
Der Abend, wenn die schwarzen Bäume beben,
Und viel das wechselnde Gesicht der Nacht,
Die kleinen gelben Häuser in der Stadt
Und jedes Wesen, das sein Leben lebt ...

DIE HANDSCHUHE ERWIDERN:
Groß wie die Nacht, wenn du es recht bedenkst,
Ein solches Ding ist auch der Ruhm und rauscht
Mit hohen Segeln wie ein großes Schiff.

28. Juni 1894

BRIEF
an Richard Dehmel

(von einer Waffenübung in Mähren)

Ich reite viele Stunden jeden Tag,
Durch tiefen toten Sand, durch hohes Gras,
Durch gutes helles Wasser und durch schwarzes
Im Wald, das quillt und gurgelt unterm Huf.
Zuweilen reit' ich auf die Sonne zu,
Die Kupferscheibe in den schwarzen Büschen,
Zuweilen gegen feuchten Wind, manchmal
Auf einem heißen steilen Weg, manchmal
Auf einem Damm in heller stiller Luft,
Daß ich die krummen Äste zählen kann
Der Apfelbäume auf der fernen Straße
Und einen Tümpel leuchten seh', weit weit!
Und meinen Fuchs und meine rote Kappe
Und weiße – Handschuh' sieht man auch weit weit
Und meine dunklen Hüften, Arm' und Schultern
Am gelben Damm bei dieser hellen Luft
Wie fliegend Glas, das überm Feuer flirrt.

Zuweilen reiten viele neben mir
Und viele vor mir, alles ist voll Lärm,
Die grünen Mulden dröhnen, und die Luft
Ist voller Klirren, und ich seh' vor mir
(Mit feuchten Augen von dem starken Wind)
Die vordersten hinjagen auf dem Hang:
Ein Knäuel Braun' und Rappen, zwei, drei Schimmel,
Nur weiße Flecken, und in dem Gedränge
Der dunklen Reiter blinken gold die Helme

Und so die Klingen, wie ein Netz von Adern
Lebend'gen Wassers blinkt im stärksten Mond
(Darüber, weißt du? schwebt es milchig weiß
Und viele Unken schreien, wundervoll).

Zuweilen aber reit' ich ganz allein
So still! ich höre, wie die Mücke schwirrt,
Wenn sie dem Fuchs vom Hals zur Schulter fliegt;
Lang schau ich einer Nebelkrähe nach
Und folg' der schwarzen auf dem grauen Weg
Durch dürre Wipfel hin und her, und seh'
Fasanhähnchen auf einander losgehn
Im niedern Gras, wo viele Anemonen,
Schneeweiße, stehn; sitz' ab und laß den Fuchs
Mit nachgelaßnen Gurten ruhig grasen
Und riech' dann noch, wenn ich zu Haus den Handschuh
Abstreif', gemengt mit dem Geruch vom Pferd
Den Duft von wildem kühlen Thymian ...
Und fühl' in alledem so nichts vom Leben!

Wie kann das nur geschehn, daß man so lebt
Und alles ist, als ob's nicht wirklich wäre?
Nichts wirklich als das öde Zeitverrinnen
Und alles andere wie nichts: das Wasser,
Der Wind, das schnelle Reiten in dem Wind,
Das Atmen und das Liegen in der Nacht,
Das Dunkelwerden, und die Sonne selbst,
Das große Untergehn der großen Sonne
Wie nichts, die Worte nichts, das Denken nichts!
Kann denn das sein, daß nur soweit ich seh'
Das Leben aus der Welt gesogen ist,
Aus allen Bäumen, Bergen, Hunden, aus
Unzähligen Geschöpfen, so wie Wasser

Aus einem heimlich aufgeschnittnen Schlauch?
Gleichviel, es ist. Und nun schickst du mir her
Ein Buch so rot wie die Mohnblumen sind,
Die vielen in den vielen grünen Feldern –
Ihr Rot ist mir so nichts, und das Erschauern
Der grünen Felder unterm Abendwind
Ist mir so nichts, – was ist darin vom Leben! –
Und in dem Buch da ist's, da ist's, es ist.
Es macht mich schauern, springt von einem Wesen
Zum andern, ist in allem, reißt das eine
Zum andern, sucht sich, sehnt sich nach sich selber,
Berauscht sich an sich selber, »flicht o Gott!
In eins die bang beseligten Gestalten«,
Und ist in einem Pfauen so enthüllt!
So grauenhaft in Träumen und Narzissen,
So grauenhaft und süß enthüllt! in Puppen!
Wie kann das wieder sein? Gleichviel. Es ist.

Göding, Kavalleriekaserne
25. Juni 1895

ZU K. WOLFSKEHLS »MASKENZUG«

Wie so stark war diese Stimme,
Wie so funkelnd dieser Schrei!
Da ich einsam hier des Zauber-
Berges dunklen Hang erklimme,
Stumm durch öde Buchten schwimme,
Stumm im Nebelfrost ergrimme,
Dröhnend zieht es mich herbei.

Wie so stark war dieses Rufen!
Tönt es vorwärts? tönt's zurück?
Die Gedichte, die Gesichte,
Die wir schufen, die uns schufen,
Dunkle Tore, dunkle Stufen,
Dröhnen zauberhafter Hufen:
Hier, und nirgends Glut und Glück!

Dezember 1904

ZU HEINRICH HEINES GEDÄCHTNIS

16. Dezember 1899

Zerrißenen Tones, überlauter Rede
Verfänglich Blendwerk muß vergessen sein:
Allein den bunten schmerzverzognen Lippen
Entrollte, unverweslicher als Perlen
Und leuchtender, zuweilen ein Gebild:
Das traget am lebendigen Leib, und nie
Verliert es seinen innern feuchten Glanz.

CANTATE

Tüchtigen stellt das schnelle Glück
Hoch empor, wo er gebiete,
Vielen zum Nutzen, vielen zum Leid,
Und es hingen sich viele an ihn,
Neiden ihn viele,
Und ihn umschmeichelt was da gemein ist.

Er aber, droben,
Suchet sich selber, welchem er diene
Von den Geistern, welchem strengen,
Und dem wird er ähnlich
Und verdient sich den Glanz
Und Stab des Gebietens,
Den dereinst das schnelle Glück ihm zuwarf,
Und kämpft es aus,
Unablässig,
Tagaus, tagein,
Jahr um Jahr,
Und waltet des Amtes
Wesenhaft,
Und ihn grüßt,
Wo Männer seiner gedenken,
Ein schönes Wort:
Bewährung.

1914

ÖSTERREICHS ANTWORT

»Völker bunt im Feldgezelt,
Wird die Glut sie löten?
Östreich, Erdreich vieler Art,
Trotzest du den Nöten?«

Antwort gibt im Felde dort,
Faust, die festgeballte,
Antwort dir gibt nur ein Wort:
Jenes Gott erhalte!

Unsern Kindern eint uns dies,
Wie's uns eint den Vätern,
Einet heut die Kämpferschar,
Hier mit uns den Betern.

Berge sind ein schwacher Wall,
Haben Kluft und Spalte:
Brust an Brust und Volk bei Volk
Schallt es: Gott erhalte!

Helden sind wie Kinder schlicht,
Kinder werden Helden,
Worte nicht und kein Gedicht
Können's je vermelden.

Ungeheueres umfaßt
Heut dies heilig Alte,
Und so dringt's zum Himmel auf:
Unser Gott erhalte!

1914

WAS DIE BRAUT GETRÄUMT HAT

PERSONEN

DIE BRAUT
ERSTES KIND IM TRAUM: DER GOTT AMOR
ZWEITES KIND: DIE KLEINE MITZI
DRITTES KIND: EIN KIND AUS GÜNSELSDORF

Mädchenzimmer. In der Mitte ein kleiner Tisch mit einer brennenden Lampe, daneben ein Fauteuil. Links ein Fenster mit weißem Vorhang, rechts eine Alkove, im Hintergrund eine Türe.

DIE BRAUT
tritt in die Türe. Der Bräutigam, unsichtbar, begleitet sie bis an die Türe. Langsam entzieht sie ihm ihre Hand und tritt ein. Einen Augenblick steht sie in sich versunken, dann läuft sie an das Fenster, schiebt den Vorhang auf und winkt »gute Nacht« hinunter. Schließt den Vorhang wieder, geht zur Lampe und sieht mit leuchtenden Augen den Verlobungsring an. Fängt an, ihre Armbänder abzulegen, langsam, halb in Träumerei verloren. Sie setzt sich in den Fauteuil und allmählich fallen ihr die Augen zu. Sie schläft ein. Pause. Aus dem Vorhang der Alkove schlüpft das erste Kind. Es ist der Gott Amor, mit goldenen Flügeln, den Köcher mit Pfeilen auf dem Rücken, den Bogen in der Hand. Er läuft auf die Schlafende zu, zupft sie am Kleid, berührt endlich ihre Hand.

DIE BRAUT *aufgestört*
Wer ist das?
DAS KIND *auf seinen Bogen gestützt*
Ich bin dein Herr,

Den du fürchtest und verehrst!

Liebes Kind, du bist mein Gast,
Und mir ist vor allen Dingen
Unbescheidenheit verhaßt!
Heftig haß ich solche Kleinen,
Die mit unverschämten Reden
Sich emporzubringen meinen,
Und durchschaue einen jeden!
Schwach und plump sind diese Netze,
Die ein billiges Geschwätze
Stellt der Neigung einer Frau,
Und wir kennen sie genau!
Ungeduldig manchesmal
Macht dies ewige Geprahl,
Denn ihr wißt nicht zu beginnen
Und ihr wißt auch nicht zu enden.
Wenn ihr ahntet, gute Kinder,
Wie viel mehr an Kraft und Kunst
Wir Verschwiegenen verschwenden
An ein Lächeln, an ein Nicken,
An ein Zeichen unsrer Gunst,
Das wir so verstohlen schicken!
Welche tiefbestellte Müh
Unsre leichten Worte zügelt
Und die zögernden beflügelt:
Nicht zu spät und nicht zu früh,
Scheinbar im Vorüberschweben
Doch sich völlig hinzugeben!
Ihr verstummtet ja vor Scham …

AMOR

Mit Vergnügen muß ich sagen,
Dieses »A-B-C« aus meiner

Schule ist dir ganz geläufig,
Denn du sollst nur ja nicht meinen,
Daß von diesen Sätzen einen
Dir das sogenannte Leben
Hat als Lehre mitgegeben ...
Alles, alles ist von mir!

DIE BRAUT
Du bist derart ungezogen,
Daß es unterhaltend ist.
Aber willst du dich nicht setzen?
Dies ist zwar ein Mädchenzimmer
Und der kleinen Lampe Schimmer
Will vor Staunen fast vergehn,
Einen jungen Herrn zu sehn ...
Doch ist alles wohl ein Traum,
Die Gedanken haben Leben,
Und der ganze kleine Raum
Scheint zu schwanken, scheint zu schweben.
Setz dich doch!

AMOR *wirft einen Pouf um, legt ihren Mantel, den sie früher
abgelegt hat, darauf und setzt sich*
Nur auf das meine!
Wie der Jäger auf die Beute,
Wie der Sieger auf den Thron
Aufgeschichteter Trophäen;
Anders soll mich keiner sehen!

DIE BRAUT *lachend*
Aber das ist doch mein Mantel!

AMOR
Dein, und folglich wohl der meine!
Bist doch selber, Kleine, Schwache,
Meine Puppe, meine Sache,
Kannst dich mir ja nicht entziehn;

Von den Spitzen deiner Haare
Zu den Knöcheln deiner Füße
Lenk ich dich an tausend Fäden,
Und ich dichte deine Reden,
Alles kann ich aus dir machen.
DIE BRAUT *lacht*
AMOR *steht auf, drohend*
Kennst du deinen Herrn so schlecht?
DIE BRAUT *lacht*
AMOR *ihr in die Augen*
Willst du immer weiter lachen?
Unter der Gewalt seines Blickes steht sie wie mit gebroche-
nen Gliedern auf und weicht ein paar Schritte vor ihm
zurück.
DIE BRAUT
Sieh mich nicht so an, du bist
Mir zu stark! Mit deinen Blicken
Saugst du mir die Seele aus,
Und ich bin so fremd, so leer,
Um mich alles fremd und leer,
Und ein namenloses Sehnen
Zieht mir meinen armen Sinn
Irgendwo ... wohin? Wohin?
Wohin willst du, daß ich gehe,
Oh, ich werd den Weg nicht finden,
Schwer sind meine Augenlider,
Meine Kniee zieht es nieder,
Und es ist so weit, so weit
Über Seen, über Hügel!
Sind das wirklich deine Künste –
Diese fürchterliche Schwere ...?
Aber hast du nicht die Flügel?!
Ja, du willst mich nur beschämen

Und dann alles von mir nehmen.
Amor macht eine Gebärde: »Sie soll knien.«
Knieen soll ich? Sieh, ich kniee!
Sieh, ich falte meine Hände,
Aber mach ein Ende, ende!
Amor weicht während der nun folgenden Worte von ihr
langsam zurück, immer die Augen auf ihr, und verschwin-
det mit einem Sprung auflachend im Kamin.
Ja, ich habe Furcht vor dir,
Und wenn ich es schon gestehe –
Ist dir nicht genug geschehen?
Komm, ich brauche deine Nähe,
Bleib bei mir, ich will dich sehen!
Zieh nicht deine Blicke wieder
Langsam so aus mir heraus
Wie den Dolch aus einer Wunde!
Kannst du lachen, wenn ich leide,
Kannst du sehen …
auf springend
Er ist fort!
Und es kichert da und dort.
Welche tückischen Gewalten
Stecken hinter diesen Falten?
Schütteln diese Wände böse
Träume auf mich Arme nieder
Weil ich mich von ihnen löse?
In den Vorhängen des Fensters erscheinen zwei Kinder-
hände.
DIE BRAUT *auf die Hände zugehend*
Hände! Bist du wieder da?
Und jetzt wirst du mich verwöhnen,
Ja? Mit deinen andren Spielen,
Mit den lieben, mit den schönen.

Wie zwei kleine Schmetterlinge
Hängen diese kleinen Dinge
An dem Vorhang in den Falten,
Und ich will die beiden fangen,
Will dich haben, will dich halten.
Wie sie die Hände faßt, wickelt sich das zweite Kind aus dem
Vorhang. Die Braut tritt mißtrauisch zurück.
Mitzi, du? Und doch nicht ganz!
Wie kommt diese hier herein?
Und in ihren Augen wieder
Dieser sonderbare Glanz
Wie bei ihm … Was soll das sein?
Wie sich alles das vermischt!
DAS KIND
Hab ich endlich dich erwischt!
DIE BRAUT
Bist du denn die Mitzi?
DAS KIND
Freilich!
Was das Mädel fragt! Du bist
So verliebt, du wirst dich bald
Selber nicht im Spiegel kennen!
DIE BRAUT
Ja, was willst denn du bei mir?
DAS KIND
Ach, sie dürfen's ja nicht wissen!
Niemand weiß es, daß ich hier bin!
Aber ich hab sehen müssen
Keine Ruhe hat's mir lassen …
DIE BRAUT
Was denn sehen?
DAS KIND
Wie du bist!

Wie das ist, wenn eine –

DIE BRAUT

Nun?

DAS KIND *lacht*

Eine neue, neue Braut!
Wie sie schläft und wie sie schaut,
Wie sie aussieht, was sie macht!
Nein, ich hab mir's so gedacht,
So gedacht, daß es so ist:
Daß du gar nicht schlafen kannst,
Daß du auf und nieder gehst
Und mit so verträumten Augen
An dem lieben Ringe drehst!
Immer schicken sie mich schlafen,
Aber klüger war ich heute!
Was hat Nacht mit Schlaf zu tun?
Ruhen müssen alte Leute,
Kleine Kinder müssen ruhn –
Doch wenn ich erwachsen bin
Laßt mich nur mit Ruhn in Ruh,
Grad so mach ich's dann wie du!
*Sie biegt bei den letzten Worten die Falten auseinander, tritt
ins Fenster zurück und läßt den Vorhang vor sich zufallen.*

DIE BRAUT

Geh, was stehst du so im Fenster,
Halb im Vorhang wie Gespenster,
Komm doch her!

DIE STIMME DES KINDES

Wie dumm du bist!

DIE BRAUT *tritt zum Fenster und hebt den Vorhang auf*

Leer der Vorhang! Fort das Kind!
Nein, was das für Träume sind!
Sie bleibt nachdenklich stehen. Pause. Die Uhr auf dem

Kamin schlägt drei. Die Braut dehnt sich wie im halben Erwachen und spricht leise vor sich.

Still! Was war das für ein Schlag!

Drei Uhr früh! Bald kommt der Tag!

Über leuchtende Gelände

Kommt er groß heraufgezogen:

Dann ist alles wieder wahr!

Sonne fällt auf meine Hände

Wie so licht und wie so klar,

Tag um Tage, ohne Ende!

Sie geht ganz langsam nach vorne. Während ihrer letzten Worte ist das dritte Kind leise bei der Türe hereingeschlüpft und steht vor ihr. Es ist ein kleines Schulkind mit erfrorenen Händen, eine Schiefertafel unterm Arm, Schneeflocken auf der Pelzmütze.

DIE BRAUT

Geht dies Blendwerk immer weiter?

Wo der eine früher stand,

Steht aufs neue solch ein Kleines!

Doch jetzt bin ich schon gescheiter,

Und so leicht erschreckt mich keines.

DAS KIND AUS GÜNSELSDORF

Rat einmal, woher ich komme!

DIE BRAUT

Du?

DAS KIND

Aus Günselsdorf.

DIE BRAUT *ungläubig*

Ach geh!

DAS KIND

Durch das Dunkel, durch den Schnee.

Über Dächer, über Bäume

Bin ich hier hereingeflogen.

DIE BRAUT *setzt sich nieder*
Fliegen kannst du? Bist geflogen? Und von dort?
DAS KIND
Es ist nicht schwer.
Wo du meinst, dort komm ich her!
DIE BRAUT
Glaub ich dir?
DAS KIND
Vom großen Haus
Mit dem hohen hohen Rauchfang
Und den vielen vielen Spindeln.
DIE BRAUT
Kleine, Kleine, kannst du schwindeln!
DAS KIND
Ach, jetzt ist es gar nicht lustig,
Durch die kalte Luft zu fliegen:
Weggenommen ist der Himmel,
Bunte Wolken gibt es keine,
Man begegnet keinen Vögeln,
Keine Landschaft liegt im Weiten!
Aber kommt der Frühling nur,
Wird die ganze bunte Welt
Wieder prächtig aufgestellt:
Bäume stehen, Büsche schwellen,
Und die Teiche und die Bäche
Haben Enten auf den Wellen;
Auf der großen, grünen Fläche
Wachsen viele Blumen auf,
Käfer haben ihren Lauf,
Vögel nehmen ihren Flug,
Lustig ist es dann genug!
DIE BRAUT
Redest du von Welt und Leben

Wie von schönen Spielerein,
– Kindertage fühl ich weben,
Ganz Vergeßnes schwebt herein!
Unbegreiflich liebe Dinge
Schweben fern und schweben nah,
Und ich fühle ihre Schwinge
Anders als mir je geschah!
Kleine, Kleine, rede weiter,
Rede weiter, führ mich weiter,
Führst mich nicht auf einer Stiegen?
Großen Stiege, hellen Leiter ...
Hohen goldnen Himmelsleiter ...?
Können wir... nicht ... beide ... fliegen ...?
Die Augen fallen ihr zu.
DAS KIND
Himmelsschlüssel werden wachsen
Und es blüht der viele Flieder
Um und um in eurem Garten!
Und da geht ihr auf und nieder
Und seid immer Mann und Frau,
Eßt aus einer Schüssel beide,
Trinkt aus einem Becher beide ...
Aber hörst du mich denn, du?
Hast ja beide Augen zu!
DIE BRAUT *immer mit geschlossenen Augen*
Freilich ... war das nicht das Letzte:
»Wachsen goldne Himmelsschlüssel!
Viele goldne Himmelsschlüssel? ...
Anders war es ... anders ... anders ...
Trinken nur aus einem Becher,
Essen nur aus einer Schüssel ...«
Sie schläft ein.
VORHANG   *Zum 15. Januar 1897*

PROLOGE

PROLOG ZUR GEDÄCHTNISFEIER FÜR GOETHE
AM BURGTHEATER 1899

Goethes gedenken! Wie, bedarf's dazu
Besondern Tages? Braucht es da ein Fest?
Sein zu gedenken, der aus seinem Bann
Nie unsern Geist, nie unsre Brust entläßt!
Wem müßte erst ein aufgeschmückter Tag
Den Namen in die dumpfen Sinne rufen!
Auch ist der Rede hier kein Raum gewährt:
Denn dies sind eines hohen Tempels Stufen,
Und festlich sei hier jedes Tages Werk.

So fliege denn der Vorhang auf und gebe
Euch seine eigne bunte Welt zur Lust
Und lasse wirken, was gebildet ward,
Auf euch, die ihr nicht minder seid Gebilde:
Denn wer sitzt hier im atemlosen Saal,
Der abzutun vermag von seiner Seele
Des Geistes heimlich bildende Gewalt?
Wie er den Faust schuf und den wackern Götz
Und jenes Bürgerkind im engen Haus
Und rings um sie das frische deutsche Land:
So schuf er mit nicht schwächrer Zauberhand
An eures Herzens Herz in tausend Nächten,
Schuf an den Schauern eurer Einsamkeit,
An allen Abgründen, an allen Prächten,
An allen Wünschen, die durch eure Glieder,
Von Phantasie genährt, sich glühend wühlen,
An aller Sternenruh und Wolkenhöh,
Die geisterreich das glühnde Aug euch kühlen:
Wart ihr allein, so war doch er bei euch,
Er war die Luft, die euch zu atmen gönnet,

Daß ihr mit Macht, mit Kühnheit, mit Genuß
Hinwandeln an des Daseins Klüften könnet.
Und tratet ihr zu Menschen wieder ein –
Empfandet ihr im menschlichen Gewühl,
In jedem würdig fruchtbaren Verein,
Nicht seines Daseins schwebend Nachgefühl?
Die Männer und die Frauen unsrer Zeit,
Wir haben sie von ihm gelernt zu lieben:
Wie dürftig wäre diese Welt geblieben,
Hätt er sie nicht im voraus uns geweiht!

Nun halten wir, ein neu-heraufgekommen
Lebendiges Geschlecht, die weite Erde:
Und da wir atmen, heißt's uns Gegenwart.
Ein jeder unsrer Schritte ist ein tiefrer.
Aus Busch und Höhle tönen unerhörte
Geheimnisvolle Fragen uns ans Ohr.
Wir sind der Schlacht nicht sicher, die wir schlagen,
Und zweifelhaft blinkt uns der Krone Gold,
Die wir erwerben sollen, wenn wir siegen.
Wir lassen manchmal alle Hände aus
Und lösen unsern Blick aus der Verschlingung
Der Menschenblicke, und wir lassen ihn
Am harten nächtlichen Gewölb des Himmels
Hingleiten, wie ein Irrgewordner tut.
Dann redet er zu uns, aus seinen Büchern
Oder aus unserm eignen Innern oder
Aus einem Bach, der murmelt, oder hier!
Gewaltig ist die Hand der Gegenwart –
Doch Gegenwart auch er! In unsern Wipfeln
Das Rauschen seines Geists, in unsern Träumen
Der Spiegel seines Auges! Goethe! Goethe!
Welch Zauberwort, von dem ein starker Schein

In dieses Daseins großes Dunkel fällt:
Er trat einmal in diese Welt herein,
Nun treten wir vielmehr in seine Welt
Und weiden uns am Leben der Gestalten,
Draus sich ein ungeschwächter Hauch erneut,
Und fühlen, wie sie ganz die Kraft enthalten,
Davon er etwas auch in uns gestreut:
Und dieses regt sich uns im tiefsten Kerne,
Wir glühen, tausendäugig tausendhändig,
Und die Geschöpfe von dem schönsten Sterne,
Sie werden uns, an ihnen wir lebendig!

19. September 1899

ZU LEBENDEN BILDERN

Nicht wie vor einer Bühne sollt ihr hier
Erwartend sitzen: wilde Schönheit nicht
Soll mit erregenden, mit Fieberfingern
Auf eurer Seele Saiten bebend spielen ...
Hier gilt's der kleinen Kunst, die nicht ergreifen,
Die willig nur ergriffen werden kann.

Wer stehen bleibt, wenn in den Frühlingsnächten
Aus offnen Fenstern Geigentöne schweben;
Wer die verblichnen alten Stoffe liebt,
Die wunderbaren Farben welker Blätter,
Das Mondlicht auf der Karlskirche und
Die weiche Anmut alter Lannerwalzer;
Und wer sich nach dem Blumenzimmer sehnt
Im alten Belvédère, und wer noch sonst
Die scheue Schönheit kleiner Dinge fühlt ...
Ihr alle kommt und denkt, ihr wart allein,
Allein in dämmernden und stillen Zimmern ...
Was einem einfällt, wenn man eingenickt
Mit halbgeschloßnen Augen abends sitzt,
Nicht völlig wach, noch völlig schläft und träumt!
Da lächeln alte Bilder, auf den Fächern
Die Schäfer tanzen Menuett zur Flöte;
Die Spieluhr klimpert eine Pastorale,
Und Kindertage stehen auf, wie Kinder
Mit lieben Lippen und mit offnem Haar,
Darin ein Duft von Wachs und Weihnachtsbäumen
Und Moderduft von alten lieben Büchern!
Die biblischen Geschichten gehn vorbei,

Der Goliath und der Pharao und Esther ...
Dann fallen einem Märchen ein: der Brunnen
Im Wald, und in dem Brunnen Melusine
Und der Großmutter Bild, altmodisch zierlich,
Und leise tönt ein Schubertlied dazwischen,
Altmodisch lieblich, voll von leiser Wehmut
Und süß, wie wenn das gelbe Sommermondlicht
In laue Gärten fällt ...
So kommen Bilder, Bilder gehn, verschwimmen,
Und alles ist vertraut und fremd und hübsch;
Nicht völlig Wachen und nicht ganz ein Traum.
So soll's hier wieder werden. Leise sollen
Musik und Bilder ineinanderfließen,
Wie wenn sich halbverträumt die Sinne schließen,
Und wach geworden vorübergehen,
Die sonst aus toten Augen sehen:
Vom Tage, da Rahel zum Brunnen kam,
Bis da der Großvater die Großmutter nahm.

EPILOG
zwischen den stumm vorüberwandelnden Figuren
und den Zuschauern stehend

Der Rahmen fällt, es lösen sich die Gruppen,
Aus bunten Gliedern wird's ein einz'ger Kranz.
Sind's stumme Menschen, sind's bewegte Puppen?
Steh ich gleich nahe, ich begreif's nicht ganz.
Doch bietet sich ein schöner Sinn mir dar:
Und wie ich darf, ich geb euch den fürwahr!
Der Geiger ging voran: So führt den Reihn
Der Träum' in uns Musik mit leisem Locken,
Und die Gedanken wandeln hinterdrein,
Lautlos und wunderbar und ohne Stocken.

Da wandeln manche königlichen Gang
Hochmütig herrlich unterm goldnen Reif,
Und andre gehn verträumt im Geigenklang,
Anmutig altklug andre, zierlich steif.
Doch was ein jeder ist, das ist er ganz;
Ganz einer Stimmung atmendes Symbol.
Davon kommt ihnen dieser sichre Glanz,
Aus einem Guß dies Nicht-Gemeine wohl.
Und scheint auch manches sich verwandt zu nennen,
Eins, seh ich klar, muß euch von ihnen trennen:
Wie faß ich kurz, was unbegreiflich viel?
Ihr habt nur Leben, sie – sie haben Stil.
Dann bin ich auch der Göttin auf der Spur,
Die diesen herrscht; ihr ziemt ein Name nur:
Nicht Schönheit; Schönheit hat ein Kind, das lacht,
Wir wissen nicht, warum; die Orchideen,
Die unbegreiflich riesenhafte Nacht,
Die wilden Wälder und die grünen Seen
Sind schön; allein die adelige Gunst
Durchseelter Schönheit ist ein anderes;
Und diese Göttin nenn ich also: Kunst.

Hieß ich auch euch und jene unterscheiden,
Sie haben trotzdem vieles euch zu sagen,
Und manche eurer Wonnen, eurer Leiden,
Sie bringen sie verklärt zurückgetragen:
Denn wie der Tag im Reigentanz der Stunden,
So schwebt im Reihn der Kunst das innre Leben,
Es schwebt so viel was ihr gewünscht, empfunden,
Vorüber, und sie alle wollen geben.

Wenn ihr bei dem, was heut vorübergleitet,
Nicht viel erlebt, nicht allzuviel erlebt:

Der Teppich, den man festlich ausgebreitet,
Ist bunt, doch ist nicht alles drein gewebt.
Die kleinen Dinge, künstlich scheu und zart,
Die uns umgeben, die das Leben adeln,
Wenn ihr den kleinen jemals freundlich wart,
Dürft ihr das Spiel, ihr dürft den Sinn nicht tadeln.

Nehmt's für ein Fest der Fächer, die ihr tragt,
Der Märchenbücher, die man nie vergißt,
Ein Puppenfest, wie's Kindern nur behagt,
Ein Ding, das kindisch und das heilig ist.
Wohl heilig, denn es ziemt sich, jedes Ding,
Das um uns ist, ein Gönner unserm Leben,
Aus gleichgestimmter Tage blassem Ring
Zuweilen feierlich emporzuheben,
Zu denken ziemt's manchmal im Täglich-Gleichen
Des Göttlichen und Ewig-Wunderreichen.

Februar 1893

PROLOG
ZU »DER TOR UND DER TOD«

In dem alten Wien mit Türmen,
Mit Basteien, Pagen, Läufern,
Lebten vier berühmte, große,
Gänzlich unbekannte Dichter,
Hießen: Baldassar, Ferrante,
Galeotto und Andrea.
Baldassar war Arzt; er spielte
Außerdem auf einem kleinen
Künstlichen Spinett, aus Noten,
Spielte süße Kinderlieder,
Affektierte Menuette
Oder ernste Kirchenfugen.
Galeotto aber hatte
Ein Puppentheater: dieses
Ließ er vor den Freunden spielen,
Kunstreich an den Drähten ziehend,
Und die Puppen spielten große
Höchst phantast'sche Pantomimen,
Wo Pierrot und Colombine,
Arlechin und Smeraldina
Und noch viele andre Leute,
Ja der Tod persönlich auftrat
Und die Paradiesesschlange.
Und der dritte war Ferrante:
Dieser hatte einen schönen
Schlanken semmelblonden Jagdhund,
Der Mireio hieß. Der jüngste
War Andrea; sein Besitztum
War ein großes, altes, dickes
Buch: die »Gesta Romanorum«,

Voll der schönsten alten Märchen
Und phantastischer Geschichten,
Voll antiker Anekdoten
Und aristotel'scher Weisheit.
Wer dies Buch hat, braucht die Bibel,
Braucht Scheherasadens Märchen
Und die heiligen Legenden
Nicht zu lesen, nicht den Platon,
Nicht die Kirchenväter, nicht die
Fabeln des Giovan Boccaccio,
Denn das hat er alles drinnen,
Alle Weisheit, alle Narrheit
Bunt und wundervoll verwoben.

Diese vier nun waren Freunde,
Und an Sonntagnachmittagen,
Namentlich an jenen lauen
Leuchtenden des Frühlings, kamen
Sie zusammen, um zu plaudern.
So geschah es eines stillen
Blauen Sonntagnachmittages,
Daß in Baldassaros Stube
Dieser selbst und Don Ferrante
An dem offnen Fenster lagen
Halbverträumt, indes der gute.
Hund Mireio auf den Pfoten
Seinen Kopf gebettet hatte
Und tiefatmend schlief. Da mußte
Ihn ein böser Traum bedrängen,
Denn er stöhnte tief und ängstlich,
Bis sein Herr ihn endlich weckte,
Den er dann mit großen feuchten
Augen dankbar ansah. Dieses

Stöhnen des beklommenen Tieres
War als wie das Wehen einer
Fremden Macht. Die dunklen Saiten
In der beiden Freunde Seelen
Waren angerührt und bebten
Dumpf erregt und schauernd weiter,
Und die Schwelle ihrer Seele
Sandte jene tiefen Träume
Urgeborner Angst des Lebens
Aufwärts. In den schwülen irren
Wind des Frühlings flogen ihre
Phantasien: »wie das dunkle
Blut in unsren Adern waltend
Sinnlos, rettungslos, unfaßbar,
Tod gebären kann in einem
Atemzug, wie es die höchste
Wundervollste Fieberwonne
Feuriger zusammenrauschend
Schenken könnte, unermeßlich
Große Wonne des Erlebens,
Allen Lebenden verwehrte« …
Dunkler immer, wachsend grausam
Wurden diese Phantasien,
Bis sich an das Klavizimbel
Baldassar schwermütig setzte
Und in dunklen Mollakkorden
Sehnsuchtsvoll und schmerzlich wühlend
Diesen Druck von ihnen löste.
Dunkelglühend schwebten schwere
Feierliche Wellen aus dem
Fenster und verschwebten leuchtend
In dem Glanz des Frühlingsabends
Über der Sankt-Karls-Kuppel.

Unterdes die beiden andern
Hatten sich in Galeottos
Haus das Stelldichein gegeben,
Um von dort zu Baldassaro
Gleichen Wegs zu zweit zu gehen.
Dieses Haus war in der Wollzeyll,
War ein altes, steinern graues
Dunkles Haus, mit ausgebauchten
Eisengittern an den Fenstern;
Auf des Tores Pfosten waren
Links Diana und Endymion,
Rechts der Held Coriolanus
(Wie die Mutter ihm zu Füßen
Liegt, die Frau von hohem Adel)
Aus dem grauen Stein gemeißelt.
Links und rechts von diesen Pfosten
Waren reinliche Butiken:
Links ein Gärtner, rechts ein Jude,
Der mit schönen Altertümern
Schacherte. Bei diesen beiden
Blieben stets die beiden stehen;
Galeotto rechts: verlockend
Grüßte da ein elfenbeinern
Tier, der Hund des Fô aus China;
Auch die bronzne Frauenbüste
Aus des Donatello Schule
Lockte und am meisten jenes
Uhrgehäuse, von dem guten
Meister Boule mit Ornamenten
Schön geziert, indessen um das
Zifferblatt metallne Menschen
Wanderten, ein Stundenreigen,
Den Saturn als Sensenträger

Mit tiefsinn'ger Miene führte.
Ferner waren aufgeschichtet
Sonderbar geformte Waffen,
Persersättel, Maurendolche,
Rostig alte Hellebarden,
Goldgestickte Seidenstoffe,
Meißner Porzellanfigürchen
Und geschwärzte alte Bilder.
Und Andrea blieb am liebsten
Auf der andern Seite stehen
Bei den hohen Henkelkrügen,
Angefüllt mit roten Rosen,
Mohn und schlanken Feuerlilien,
Bei den Schüsseln, wo auf tausend
Dunkelsamtnen Veilchen reife
Trauben, golden rostig, lagen,
Bei den lichten, leichten Körben
Voller Flieder und Akazien.
Und weil Sonntag war, so wollte
Keiner eine kleine Freude
Sich versagen. Galeotto
Kaufte einen zierlich spitzen
Kleinen Dolch; der blauen Klinge
Toledanerstahl verzierten
Koransprüch' und Arabesken.
Und Andrea kaufte Rosen,
Einen lockern Strauß von lichten
Rosa Rosen. In den Gürtel
Steckte der die Blumen, jener
Seine Waffe und sie gingen.
Aber Galeotto sagte:
»Rosen und ein Dolch, Andrea,
Eines Dramas End und Anfang.«

Doch Andrea blieb die Antwort
Schuldig, denn er suchte nach dem
Namen jenes Käfers, dessen
Goldiggrünen, blinkend blauen
Flügeldecken er die Kuppel
Von Sankt Karl vergleichen könnte,
Wie sie jetzt herüberglänzte,
Denn er liebte die Vergleiche.
Und sie gingen schweigend weiter
Durch die stillen Sonntagsstraßen,
Über deren schwarzen Giebeln
Und barocken Steinbalkonen
Schweigend blauer Frühlingshimmel
Leuchtend lag und niederschaute.
Wie sie nun des Baldassaro
Haus auf wenig Schritte nahe,
Drangen jene schwellend dunklen
Tönewellen aus dem Fenster
Und es schien den beiden dieses
Tönen als die letzte schönste
Schönheit. Unbewußt vermißte Note
In der allgemeinen Schönheit.

Und Andrea warf die losen
Rosen in das Glühn und Beben
Dieser Töne, in das Fenster,
Als die Boten ihres Kommens,
Wie ein großer Herr wohl kleine
Rote Pagen auf dem Wege
Laufen läßt, die ihn verkünden.
Und in jener beiden Schwermut,
Deren Ursach sie nicht wußten,
Drang das Lachen der zwei andern,

Die hinwiederum nicht wußten,
Welcher Grund sie fröhlich mache.
Doch sie wußten alle viere,
Daß die leichterregte Seele
Wie ein kleines Saitenspiel ist
In der dunklen Hand des Lebens ...
Dämmerung begann inzwischen;
Auf dem Himmel, der noch licht war,
Schwebte über schwarzen Dächern
Silberglühend auf der Mond,
Den der gute Hund Mireio
Feindlich knurrend aufgerichtet
Ansah, wie ein dunkler Dämon
Einer heil'gen Lotosblume
Silberblüte feindlich anschaut.
Roter Kerzen goldne Flammen
Zündeten die Freunde an und
Leise las Andrea ihnen
Eine seltsame gereimte
Kleine Totentanzkomödie.

März/April 1893

EIN PROLOG
(zur »Frau im Fenster«)

Es treten vor den noch herabgelassenen Vorhang der Dich-
ter und sein Freund: Der Dichter trägt gleich den Personen
seines Trauerspiels die florentinische Kleidung des fünf-
zehnten Jahrhunderts, völlig schwarz mit Degen und Dolch,
in der Hand hält er den Hut aus schwarzem Tuch mit Pelz
verbrämt; sein Freund ist sehr jung, hoch gewachsen und
mit hellem Haar, er trägt die venetianische Kleidung der
gleichen Zeit, als einzige Waffe einen kleinen vergoldeten
Dolch rückwärts über der Hüfte, am Kopf eine kleine sma-
ragdgrüne Haube mit einer weißen Straußenfeder; sie gehen
langsam längs des Vorhanges, schließlich mag sich auch der
Dichter auf einer kleinen im Proszenium vergessenen Bank
niederlassen, sein Freund zuhörend vor ihm stehen bleiben.
Ihr Abgang ist, ehe der Vorhang aufgeht, in die vorderste
Kulisse.

DER DICHTER:
Nein, im Bandello steht sie nicht, sie steht
Wo anders, wenn du einmal zu mir kommst,
Zeig ich dir, wo sie steht, die ganz kleine
Geschichte von Madonna Dianora.
Sie ist nicht lang, sie wird auch hier nicht lang:
Geschrieben hab ich grad drei Tage dran,
Drei Tage, dreimal vierundzwanzig Stunden.
Bin ich nicht wie ein Böttcher, der sich rühmt,
Wie schnell er fertig war mit seinem Faß?
Allein ich lieb es, wenn sich einer freut,
Weil er sein Handwerk kann; was heißt denn Kunst?
Auf ein Geheimes ist das ganze Dasein
Gestellt und in geheimen Grotten steht

Ein Tisch gedeckt, der einzige, an dem
Nie ein Gemeiner saß: da sitzen alle
Die Überwinder: neben Herakles
Sitzt einer in der Kutte, der mit Händen
Von Wachs und doch von Stahl in tausend Nächten
Den Thron erschuf, in dessen Rückenlehne
Aus buntem Holz die herrlichsten Geschichten
Zu leben scheinen, wenn ein Licht darauf fällt.
Und neben diesem Zaubrer wieder sitzt
Ein längst verstorbner Bursch aus einem Dorf:
Er war der schönste und der gütigste;
Die Furche, die er zog mit seinem Pflug
War die geradeste, denn mit der Härte
Des unbewußten königlichen Willens
Lag seine Hand am Sterz des schweren Pfluges.
Und noch ein schwacher Schatten seiner Hoheit
Lebt fort in allen Dörfern des Geländes:
Wer König ist beim Reigenspiel der Kinder,
Dem alle nachtun müssen was er tut
Und folgen wenn er geht, den nennen sie,
Und wissen nicht warum, mit seinem Namen
Noch heute, und so lebt sein Schatten fort.
Und neben diesem sitzen große Könige
Und Heeresfürsten, die mit einer Faust
Den Völkern, die sich bäumten, in die schaum-
Bedeckten Zäume greifend und zu Boden
Die wilden Nüstern zwingend in den Sattel
Den eigenen goldumschienten Leib aufschwangen,
Und andre, Städtegründer, die, den Lauf
Der Flüsse hemmend, von getürmten Mauern
Mit ihrer Gärten Wipfeln nach dem Lauf
Der niedern Sterne langten, und mit Schilden,
Darauf die Sonne fiel, hoch über Länder

Und heilige Ströme hin, die Zeichen tauschten
Mit ihren Wächtern in den Felsenburgen,
Verächter dessen, was unmöglich schien.
Und zwischen diesen Fürsten ist der Stuhl
Gesetzt für einen, der dem großen Reigen
Der Erdendinge, wandelnd zwischen Weiden,
Zum Tanz aufspielte abends mit der Flöte,
Der Flügel trug von Sturm und dunkeln Flammen.
Und wieder ist ein Stuhl gesetzt für den,
Der ging und alle Stimmen in der Luft
Verstand und doch sich nicht verführen ließ
Und Herrscher blieb im eigenen Gemüt
Und als den Preis des hingegebnen Lebens
Das schwerlose Gebild' aus Worten schuf,
Unscheinbar wie ein Bündel feuchter Algen,
Doch angefüllt mit allem Spiegelbild
Des ungeheuern Daseins, und dahinter
Ein Namenloses, das aus diesem Spiegel
Hervor mit grenzenlosen Blicken schaut
Wie eines Gottes Augen aus der Maske.
Für jeden steht ein Stuhl und eine Schüssel,
Der stärker war als große dumpfe Kräfte:
Ja von Ballspielern, weiß ich auch, ist einer,
Der Zierlichste und Stärkste, aufgenommen,
Dem keiner je den Ball zurückgeschlagen,
Auch nicht ein Riese, und er spielte lächelnd
Als gält es Blumenköpfe abzuschlagen.
Doch habe ich einen Grund nicht zu vergessen,
Daß ich dies kleine Ding in einem Fenster
In zweiundsiebzig Stunden Vers auf Vers
Zu Ende trieb mit heißgewordenem Griffel.
In einem fahlen Lichte siehst du Tage
Wie diese drei in der Erinnerung liegen

Dem Lichte gleich, in dem die Welt daliegt,
Wenn du vor Tag aufwachst, ein leichter Regen
Aus schlaffen Wolken fällt und deine Augen
Noch voller Nacht und Traum das offene Fenster
Und diese Bäume ohne Licht und Schatten
Zu sehn befremdet und geängstigt sind
Und doch sich lang nicht schließen können, so
Wie wenn sie keine Lider hätten. Wenn du
Zum zweiten Mal im hellen Tag erwachend
Aus allen Spiegeln grün und goldnen Glanz
Bewegter Blätter und den Lärm der Vögel
Entgegennimmst, dann ist es sonderbar
Sich jener bleichen Stunde zu entsinnen:
So waren diese zweiundsiebzig Stunden,
Und wie ein Taucher aus dem fahlen Licht
Ans wirkliche, so tauchte ich empor
Und holte Atem und berührte mit
Entzückten Fingern einen frischen Quell,
Den Flaum auf jungen Pfirsichen, die Köpfe
Von meinen Hunden, die sich um mich drängten.
Und da ich die Erinnrung an die drei
Dem Leben fremden Tage nun nicht liebte,
Versank sie und die Wellen trugen mich
Du weißt wohin ... Es trugen wirklich mich
Die Wellen hin, denn weißt du's oder nicht:
Sie können von der unteren Terrasse
Mit Angeln fischen, aus den Zimmern selber,
Und steigst du aus den oberen Gemächern,
Trägt dich ein Hügel, Bergen angegliedert.
Dort gingen mir die schönen Tage hin
Und nahmen einer aus des andren Händen
Den leichten Weinkrug und den Ball zum Spielen.
Bis einer kam, der ließ die Arme sinken

Und wollte nicht den Krug und nicht den Ball,
Und schmiegte seinen Leib in ein Gemach,
Die Wange lehnend an die kühlste Säule
Und horchend wie das Wasser aus dem Becken
Herunter fällt und über Efeu sprüht.
Denn es war heiß. Wir hatten ein Gespräch,
Aus dem von dunkeln und von hellen Flammen
Ein schwankes Licht auf viele Dinge fiel,
Indes der heiße Wind am Vorhang spielend
Den grellen Tag bald herhielt bald versenkte.
Und unter diesem schattenhaften Treiben
Las ich mein Stück, sie wollten's, ihnen vor.
Und mit den bunten Schatten dieser Toten
Belud ich noch die schwere schwüle Luft.
Und als ich fertig war und meine Blätter
Zusammen nahm, empfand ich gegen dies
Wie einen dumpfen Zorn und sah es an,
Wie der Ermüdete die Schlucht ansieht,
Die ihm zuviel von seiner Kraft genommen
Und nichts dafür gegeben: denn sie war
Gestein und Schatten von Gestein, sonst nichts,
Darin er klomm, und wußte nichts vom Leben.
Dann gingen, nur ein Zufall, alle andern
Aus diesem Zimmer, irgend was zu holen,
Vielmehr hinunter nach dem See, ich weiß nicht,
Genug ich blieb allein und lehnte mich
In meinem Stuhl zurück und unbequem,
Allein den Nacken doch an kühlen Stein
Gelehnt und grüne Blätter nah der Stirn,
Schlief ich auf einmal ein und träumte gleich.
Dies war der Traum: ich lag ganz angekleidet
Auf einem Bett in einer schlichten Hütte.
Es blitzte draußen und ein großer Sturm

War in den Bergen und auf einem Wasser.
Ein Degen und ein Dolch lag neben mir,
Ich lag nicht lang, da schlug es an die Tür,
Wie mit der Faust, ich öffnete, ein Mann
Stand vor der Tür, ein alter Mann, doch stark,
Ganz ohne Bart mit kurzem grauem Haar;
Ich kannte ihn und konnte mich nur nicht
Besinnen, wo ich ihn gesehn und wer
Es war. Allein das kümmerte mich nicht.
Und auch die Landschaft,
Die jeden Augenblick einen Blitz auswarf
Mir völlig fremd und wild mit einem Bergsee,
Beängstigte mich nicht. Der alte Mann
Befahl mir, wie ein Bauer seinem Knecht:
Hol deinen Dolch und Degen und ich ging.
Und als ich wieder kam, da hatte er
Im Arm, gewickelt in ein braunes Tuch,
Den Leib von einer Frau, die fester schlief
Als eine Tote und mir herrlich schien.
Nun ging der Mann mit seiner Last voran
Und ich dicht hinter ihm herab zum See,
Durch einen steilen Hohlweg voll Gerölle.
Bald kamen wir ans Wasser, stampfend hing
Dort eine schwere Plätte in dem Dunkel,
Ich wußte, solche Plätten haben sie
Hier in der Gegend, die gebrochenen Steine
Aus dem Gebirg herabzuführen, weil
Der See sich dann als Fluß hinab ergießt.
Ich sah beim Blitz, woran die Plätte hing:
Zwei Knechte hielten mit entblößten Armen
Mit aller Kraft die wilden nackten Wurzeln
Der großen Ufertannen fest, die Plätte
Ging auf und nieder, doch ich konnte hören

Am Niederstampfen, daß sie furchtbar schwer war
Der Alte stieg hinein, dann ich, er ließ,
Die Schlafende zu Boden gleiten, schob
Das Tuch ihr untern Kopf, ergriff die Wurzeln
Und schwang sich auf und stieß mit seinem Fuß
Mit ungeheuerer Kraft das Schiff ins Freie.
Die Knechte hingen schon mit ganzem Leib
Am Steuerruder, dann bemerkte ich
Das sonderbare Kleid der jungen Frau:
Es war die braune Kapuzinerkutte,
Nur um den Hals ein breiter weißer Kragen
Von feinen Spitzen und ein schöner Gürtel
Mit goldenen Schildern um den schmalen Leib.
Und augenblicklich wußte ich, das ist
Die Tracht, wie sie sie noch in sieben Dörfern
Jenseits des Waldes tragen müssen wegen
Des Pestgelübdes. Aber ihr Gesicht
War wundervoll gemischt mich zu ergreifen:
Mit Lidern, die ich kenne, deren Anblick
In mir Erinnerungen löste, wie
Ein Licht in einem Abgrund, aber Lippen
So fein gezogen, doch so süß geschwellt
Wie ich sie nie gesehen und über alles
Verlangend wär zu sehn, auch nur zu sehen!
Ich konnte alles sehn, die Blitze kamen
So oft wie einer mit den Wimpern zuckt.
Mit dieser war ich nun allein, doch nicht
Allein, drei Schritte hinter meinem Rücken
Stand mit der Kette um die dicken Hörner,
Mit wilden Augen, ungeheurem Nacken.
Ein Stier, die Kette hielt ein Knecht dreimal
Um seinen Arm gewunden. Dieser Knecht
War klein und stämmig und mit rotem Haar.

Und weiter vorne, wo die schwere Plätte
Mit unbehauenen Platten roten Steins
Beladen war, saß noch ein andrer Gast:
Erinnerst du dich des blödsinnigen
Zerlumpten Hirten, der einmal beim Reiten
Mit gellendem Geschnatter aus der Hecke
Vorspringend uns die Pferde so erschreckte?
Der war's, nur noch viel größer und viel wilder
Und von den Lippen floß ihm so wie jenem
Die wirre Rede wie ein wütend Wasser
In einer Sprache, deren Laute gurgelnd
Einander selbst erwürgten. Und ich wußte, –
Ich wußte wieder! – Rhätisch redet der,
Ist aus den Wäldern, wo sie Rhätisch reden,
Und immerfort verstand ich was er meinte.
Er gab mir Rätsel auf, er schrie: wo sind
Die tausend Jungfern, mehr als tausend Jungfern,
Weihwasser gaben sie einander, wo?
Und sonderbar, in diesem Augenblick
Trieb's uns am Ufer hin, dort hing ein Haus
Mit fahlen Mauern hart am jähen Ufer,
Von dessen steilem Schindeldach der Regen
Herunter schoß, da wußte ich sogleich:
Die Schindeln meinte er. Dann fing er an
Und sprach, die Zaubersprüche, die sie haben
Ihr Vieh zu schützen, doch ich hörte ihm
Schon nicht mehr zu und konnt ihn auch nicht sehen.
Die Blitze hatten aufgehört, der Sturm
War nicht so laut, doch nunmehr trieben wir
Mit einer so entsetzlichen Gewalt,
Daß nicht mehr Stampfen, nur das dumpfe Schleifen,
Durchs Wasser hin zu hören war, und plötzlich
Sah ich vor uns aus der pechschwarzen Nacht

Ein graues riesiges Gebilde, ich wußte,
Es waren Wolken, aber gleich dahinter
Die Klippen, wußte, Wirbel sind zur Linken,
Die Spitze aber rechts, hier wendet sich's,
Weil sich der See verengt und in das Bette
Des Flusses wild hinunter will. Ich schrie:
Nach links! Die Knechte lachten, kam mir vor.
Ich warf den Dolch nach ihnen, pfeifend flog er
Und schnitt dem einen hart am Ohr vorbei,
Sie stemmten sich nach rechts, das Schiff ging links
Und fing zu drehen an, da hub der Stier
Zu stampfen an und schlug mit seinen Hufen
Den Rand des Schiffes und er brüllte dröhnend,
Indes der Hirt ein wunderliches Lied
Anfing mit einem Abzählreim, so wie's
Die Kinder machen, und der Reim ging aus
Auf mich. Indessen weiter trieben wir
Und es war heller, kam mir vor, wir trieben
In einem tiefen eingerißnen Tal,
Ich fühlte, daß es nur der Anfang war ...
Was jetzt kommt, ging in einem, schneller als
Ich es erzählen kann, ging alles dies
Und tausend Dinge mehr noch durcheinander
Und dauerte doch endlos lang, begann
An jeder Klippe, jeder Biegung neu;
Ich wußte immerfort, das Gleiche war
Ja schon einmal, das hab ich schon erlebt
Und dennoch warf's der Abgrund immer neu
Und immerfort verändert wieder aus.
Die Strömung riß uns hin, zuweilen kam
Aus einem Seitental ein jäher Wind
Und immer schneller lief es zwischen Felsen.
Mit welchen Sinnen ich den Weg erriet,

Die Plätte in dem tiefen Streif zu halten
Kaum breiter als sie selbst, das weiß ich nicht,
Denn alle Sinne waren überwach
So überschwemmt vom Leben wie ich's nicht
Dir sagen kann …
Ich konnte mit geschlossenen Augen fühlen
Den Weg im Wasser, den wir nehmen mußten.
Ich wußte, welchen feuchten Pfad die Aale
Hinglitten, wenn sie sich aus dem Getöse
Zu flüchten eine still geschloßne Bucht
Mit flachem Ufer suchen. Alle Schwärme
Der schattenhaft hingleitenden Forellen
Fühlt ich hinan die klaren Bäche steigen
Bis an die Falten des Gebirges, fühlen
Konnt ich ihr Gleiten über frei gespültes
Hier rot hier weißlich schimmerndes Gestein …
Die Lager wußte ich tiefer als die Wurzeln
Der starken Eichen, wo im weichen Ton
Ein Glimmerndes mit funkelnden Granaten
Im tiefen Bette eingewühlt da liegt,
Wie schöne Mäntel eingesunkener Schläfer.
Dem Wind, wenn er mich anblies, fühlt ich an,
Ob er hervorgeflogen aus dem Dickicht
Der Lärchen war, ob von den leeren Halden
Und weißen Brüchen nackter harter Steine.
Und unaufhörlich wenn bei mir im Schiff
Der Stier mit vorgestreckten Nüstern brüllte,
So spürte ich, wie auf den fernen Triften
Im dunkelsten Gebirg die jungen Kühe
Sich auf die Knie erhoben, völlig dann
Auf ihre Füße sprangen und durchs Dunkel
Hinliefen und die Luft der Nacht einsogen.
Indessen war der Fluß, auf dem wir fuhren,

Breiter geworden und ein Tag brach an
Von so ersticktem Halblicht wie der Tag
Aussehen mag am Grund von tiefem Wasser,
Am Ufer waren Bauten: starke Mauern
In breiten Stufen, welche Bäume trugen.
Von diesen wußt ich alles: jeden Stein
Wie er gebrochen war und wie gefügt
Und spürte, wie die andern auf ihm lagen,
Und wie du deine Hände spürst, wenn du sie
Ins Wasser hältst, so spürte ich die Schatten
Der Tausende von Händen, die einmal
Hier Steine schichteten und Mörtel trugen,
Von Tausenden von Männern und von Frauen
Die Hände, manche von ganz alten Männern,
Von Kindern manche, spürte wie sie schwer
Und müde wurden und wie eine sich
Schlafsüchtig öffnete und ihre Kelle
Zu Boden fallen ließ und dann erstarrte
Im letzten Schlaf. Und unter meinen Füßen
Die Fische und auf ihren feuchten Triften
Die jungen Kühe, die den Boden stampften,
Auf stundenweiten Triften, und der Wind,
Von dem ich wußte wie er kam und ging,
Und neben mir der Narr mit wildem Mund!
Er schwieg nicht einen Augenblick: Ja ja,
Schrie er einmal, die Frauen und die Pferde,
Die wissen nicht, wo sich die Grube heben,
Ein Mann der weiß sein Grab, der weiß sein Grab.
Dann kam viel vor vom Volk und Zorn des Volkes
Und tausend andres und ich wußte alles,
Und immerfort bei allen seinen Reden,
Dem fremden wirren Zeug, war mir, als ob sich's
Auf mich bezöge und mein Leben. Und

Auch jene namenlosen andern Dinge
Im Wasser, an den Ufern, in der Luft
Bezogen sich auf mich und diese Frau,
Die mir zu Füßen schlief, und wie ihr Anblick
Mir durch den Leib schnitt gleich sehnsücht'ger Lust,
So griffen unaufhörlich diese Reden
Des Narren, ja die Fische, die sich schnellten,
Die schattenhaften Hände, die dort bauten,
Die Tiere, die verlangend brüllten, in mich
Hinein und lösten dunkle Teile los
In meinem Innern und entbanden Schauer
Völlig vergessener Tage, schwankende
Durchblicke, namenlose Möglichkeiten. –
Dich schwindelt schon und doch indem ich rede
Fühl ich als rieselte es ab von mir
Und wenig ist es, unaufhörlich geht's
Verloren, ist fast nichts, was ich erzähle!
Wie wenn sich einer, aus den stärksten Wellen
Des wilden Bades tauchend, einen Zweig
Umklammernd schnell ans Ufer hebt und steht
In Wind und Sonne, so ist es mit dem
Verglichen, was ich träumte.
Wie lang dies dauerte, das weiß ich nicht;
Nur unaufhörlich war's, wie aus dem Berge
Ein Wasserfall. Wir legten dann einmal
An einem öden Ufer an und dort
So gegen Abend stieg der mit dem Stier
Hinaus und trieb sein Tier hinein ins Land,
Doch weiß ich nicht war dies am ersten Abend,
Denn eine zweite Nacht kam jedenfalls
Noch wunderbarer als die erste, denn
Der Wind fing wieder an, doch zwischen Wolken,
Seltsamen Wolken, hingen da und dort

Die Sterne, und durch dies Gewebe bebte
Ein sanftes Blitzen von grüngoldnem Licht.
Auch der verrückte Hirte muß uns dann
Verlassen haben, denn am Ende weiß ich
War er nicht da und auch die Knechte nicht,
Das Schiff glitt lautlos hin, ich hatte leicht
Die eine Hand am Steuerruder liegen,
So trieben wir noch einen solchen Tag
Mit halbem fahlem Licht wie unterm Wasser,
Und immer bebten meine Pulse voll
Mit allem Lebenden der ganzen Landschaft.
Dann kam ein Abend ... oder war's ein Morgen?
Rings lag ein Nebel, doch ein lichter Nebel,
Ein Morgen muß es doch gewesen sein,
Da bog der Fluß sich um und eine Mulde
Lag an dem einen Ufer und ein Gitter
Von einem Garten lief bis an das Wasser
Und ungewiß im Nebel wie der Eingang
Zu einer Höhle tat der runde Mund
Von einem großen Laubengang sich auf.
Im Nebel gingen Menschen hin und her,
Ein Diener lief herab und schrie: Er ist's!
Die andern kamen, Freunde, alle Freunde,
Auch du auftauchend aus dem dichten Nebel
Wie Schwimmer und dahinter liebe Bäume,
Die Bäume meines Hauses und der Gang,
Der offne Bogengang von meinem Haus,
Und wie sich alle diese lieben Hände
Vom Ufer auf den Rand der Plätte legten,
Da dehnte sich die liebliche Gestalt,
Die mir zu Füßen lag, so wie ein Kind
Vor dem Erwachen; ja sie hatte sich
Die letzte Nacht gewendet, daß sie jetzt

Mit dem Gesicht auf beiden Händen lag.
Nun fühlte ich mit einem grenzenlosen
Entzücken wie der starre Schlaf sie ließ,
Das Leben fühlte ich durch zarte Schultern
Zum Nacken hin und in die Kehle fließen
Und wie es nach den Hüften niederlief:
Und wiederum war alles dies zugleich: –
Dies Fühlen, das mir ihren jungen Leib
In mich hinein so legte, wie in eine
Bewußte fühlende belebte Gruft,
Und Wundervolles anderes Bewußtsein
Von eurer Nähe, aller meiner Freunde.
Und wie mein alter Diener neben dir
Mit einer Stimme, die von Regung bebte,
Dies flüsterte: Nach zweiundsiebzig Stunden
Ist er zurück! da fühlte ich das Beben
In meiner eigenen Kehle und im Innern
Empfand ich dein Gefühl, mit dem du's hörtest,
Und bückte mich mit mehr als trunkenen Händen,
Die Schultern der Erwachenden empor
Zu ziehen, da werd ich selber an den Schultern
Empor gezogen und – bin wach! um mich
Die Freunde, denen ich das Stück gelesen,
Du nicht natürlich, und sie hielten mich,
Denn ich war vorgesunken auf dem Stuhl,
Wie einer, der sich bückt, was aufzuheben.
In meinen Augen war noch zu viel Traum,
In meinen Ohren hatt ich noch das Wort
Von meinem Diener: zweiundsiebzig Stunden.
Und fragte nur: so seid ihr schon zurück?
Sie waren noch nicht fortgewesen, nur
Im Nebenzimmer wieder umgekehrt
Mich mitzunehmen. Nicht so viele Zeit

Als einen Krug zu füllen unterm Brunnen,
Und diese Fahrt! Ich nahm es für ein Zeichen,
Für eine dumpfe Widerspiegelung
Des andern traumerfüllten Einsamseins,
Das wirklich zweiundsiebzig Stunden währte.
Zwar wirklich? haben wir ein Maß für wirklich?
Du meinst, es war auch ein Bild im Einzelnen?
Ein großes Gleichnis? Nun, kann sein, auch nicht!
Gleichviel, bei solchem Treiben der Natur
Ist eine tiefere Bildlichkeit im Spiel,
Denn ihr ist alles Bild und alles Wesen.
Allein es war ein Wink: sie gibt das Leben
Von tausend Tagen wenn sie will zurück,
Indessen du dich bückst um eine Frucht.
Nun müssen wir wohl gehn, ich hör schon rückwärts,
Wie sie zusammenstellen Haus und Garten
Aus Holz und Leinwand, Schatten eines Traumes! –
Es wär mir beinah lieber, wenn nicht Menschen
Dies spielen würden, sondern große Puppen,
Von einem der's versteht gelenkt an Drähten.
Sie haben eine grenzenlose Anmut
In ihren aufgelösten leichten Gliedern
Und mehr als Menschen dürfen sie der Lust
Und der Verzweiflung selber sich hingeben
Und bleiben schön dabei. Da müßte freilich
Ein dünner Schleier hängen vor der Bühne.
Auch anderes Licht. Doch komm, wir müssen gehen.

FRÜHE VERSE

»Werke« sind totes Gestein, dem tönenden Meißel
                                    entsprungen
wenn am Lebendigen ich meißelnd der Meister erschuf.
»Werke« verkünden den Geist, wie Puppen den Falter
                                    verkünden:
sehet, er ließ mich zurück, leblos, und flatterte fort.
»Werke«, sie gleichen dem Schilf, dem flüsternden Schilfe
                                    des Midas,
streuen Geheimnisse aus, wenn sie schon längst nicht mehr
                                    wahr.

1891

FRAGE

Merkst du denn nicht, wie meine Lippen beben?
Kannst du nicht lesen diese bleichen Züge,
Nicht fühlen, daß mein Lächeln Qual und Lüge,
Wenn meine Blicke forschend dich umschweben?

Sehnst du dich nicht nach einem Hauch von Leben,
Nach einem heißen Arm, dich fortzutragen
Aus diesem Sumpf von öden, leeren Tagen,
Um den die bleichen, irren Lichter weben?

So las ich falsch in deinem Aug, dem tiefen?
Kein heimlich Sehnen sah ich heiß dort funkeln?
Es birgt zu deiner Seele keine Pforte
Dein feuchter Blick? Die Wünsche, die dort schliefen,
Wie stille Rosen in der Flut, der dunkeln,
Sind, wie dein Plaudern: seellos, Worte, Worte … ?

1890

WAS IST DIE WELT

Was ist die Welt? Ein ewiges Gedicht,
Daraus der Geist der Gottheit strahlt und glüht,
Daraus der Wein der Weisheit schäumt und sprüht,
Daraus der Laut der Liebe zu uns spricht,
Und jedes Menschen wechselndes Gemüt,
Ein Strahl ist's, der aus dieser Sonne bricht,
Ein Vers, der sich an tausend andre flicht,
Der unbemerkt verhallt, verlischt, verblüht.

Und doch auch eine Welt für sich allein,
Voll süß-geheimer, nie vernommner Töne,
Begabt mit eigner, unentweihter Schöne,
Und keines Andern Nachhall, Widerschein.
Und wenn du gar zu lesen drin verstündest,
Ein Buch, das du im Leben nicht ergründest.

Mai 1890

FÜR MICH ...
Ghasel

Das längst Gewohnte, das alltäglich Gleiche,
Mein Auge adelt mir's zum Zauberreiche:
Es singt der Sturm sein grollend Lied für mich,
Für mich erglüht die Rose, rauscht die Eiche.
Die Sonne spielt auf goldnem Frauenhaar
Für mich – und Mondlicht auf dem stillen Teiche.
Die Seele les' ich aus dem stummen Blick,
Und zu mir spricht die Stirn, die schweigend bleiche.
Zum Traume sag ich: »Bleib bei mir, sei wahr!«
Und zu der Wirklichkeit: »Sei Traum, entweiche!«
Das Wort, das Andern Scheidemünze ist,
Mir ist's der Bilderquell, der flimmernd reiche.
Was ich erkenne, ist mein Eigentum
Und lieblich locket, was ich *nicht* erreiche.
Der Rausch ist süß, der Geistertrank entflammt,
Und süß ist die Erschlaffung auch, die weiche.
So tiefe Welten tun sich oft mir auf,
Daß ich drein glanzgeblendet, zögernd schleiche,
Und einen goldnen Reigen schlingt um mich
Das längst Gewohnte, das alltäglich Gleiche.

1890

»SUNT ANIMAE RERUM«

(Thomas von Aquino)

Ein gutes Wort mußt du im Herzen tragen,
Und seinen Wert enthüllt dir *eine* Stunde:
Stets dringt dein Aug nicht nach des Meeres Grunde,
An trüben tiefer als an hellen Tagen.

Zuweilen gibt ein lichter Blick dir Kunde
Von Herzen, die in toten Dingen schlagen,
Und wenn du nur verstehest recht zu fragen,
Erfährst du manches auch aus stummem Munde.

Drum flieh aus deinem Selbst, dem starren, kalten,
Des Weltalls Seele dafür einzutauschen,
Laß dir des Lebens wogende Gewalten,

Genuß und Qualen, durch die Seele rauschen,
Und kannst du eine Melodie erlauschen,
So strebe, ihren Nachhall festzuhalten!

1890

DEN PESSIMISTEN
Ghasel

Solang uns Liebe lockt mit Lust und Plagen,
Solang Begeistrung wechselt und Verzagen,
Solange wird auf Erden nicht die Zeit,
Die schreckliche, die dichterlose tagen:
Solang in tausend Formen Schönheit blüht,
Schlägt auch ein Herz, zu singen und zu sagen,
Solang das Leid, das ew'ge, uns umflicht,
Solange werden wir's in Tönen klagen,
Und es erlischt erst dann der letzte Traum,
Wenn er das letzte Herz zu Gott getragen!

1890

FRONLEICHNAM

Von Glockenschall, von Weihrauchduft umflossen
Durchwogt die Straßen festliches Gepränge
Und lockt ringsum ein froh bewegt Gedränge
An alle Fenster, – deines bleibt geschlossen.

So hab auch ich der Träume bunte Menge,
Der Seele Inhalt, vor dir ausgegossen:
Du merktest's kaum, da schwieg ich scheu-verdrossen,
Und leis verweht der Wind die leisen Klänge.

Nimm dich in acht: ein Tag ist schnell entschwunden,
Und leer und öde liegt die Straße wieder;
Nimm dich in acht: mir ahnt, es kommen Stunden,
Da du ersehnest die verschmähten Lieder:
Heut tönt dir, unbegehrt, vielstimmiger Reigen,
Wenn einst du sein begehrst, wird er dir schweigen.

Juni 1890

STURMNACHT

Die Sturmnacht hat uns vermählt
In Brausen und Toben und Bangen:
Was unsre Seelen sich lange verhehlt,
Da ist's uns aufgegangen.

Ich las so tief in deinem Blick
Beim Strahl vom Wetterleuchten:
Ich las darin mein flammend Glück,
In seinem Glanz, dem feuchten.

Es warf der Wind dein duft'ges Haar
Mir spielend um Stirn und Wangen,
Es flüsterte lockend die Wellenschar
Von heißem tiefem Verlangen.

Die Lippen waren sich so nah,
Ich hielt dich fest umschlungen;
Mein Werben und dein stammelnd Ja,
Die hat der Wind verschlungen ...

1890

SIEHST DU DIE STADT?

Siehst du die Stadt, wie sie da drüben ruht,
Sich flüsternd schmieget in das Kleid der Nacht?
Es gießt der Mond der Silberseide Flut
Auf sie herab in zauberischer Pracht.

Der laue Nachtwind weht ihr Atmen her,
So geisterhaft, verlöschend leisen Klang:
Sie weint im Traum, sie atmet tief und schwer,
Sie lispelt, rätselvoll, verlockend bang ...

Die dunkle Stadt, sie schläft im Herzen mein
Mit Glanz und Glut, mit qualvoll bunter Pracht:
Doch schmeichelnd schwebt um dich ihr Widerschein,
Gedämpft zum Flüstern, gleitend durch die Nacht.

Oktober 1890

VERSE AUF EINE BANKNOTE GESCHRIEBEN

Was ihr so Stimmung nennt, das kenn ich nicht
Und schweige still, wenn einer davon spricht.
Kann sein, daß es ein Frühlingswogen gibt,
Wo Vers an Vers und Bild an Bild sich flicht,
Wenn's tief im Herzen glüht und schäumt und liebt ...
Mir ward es nie so gut. Wie Schaum zerstiebt

Im Sonnenlicht mir jede Traumgestalt,
Ein dumpfes Beben bleibt von der Gewalt
Der Melodie, die ich im Traum gehört;
Sie selber ist verloren und verhallt,
Der Duft verweht, der Farbenschmelz zerstört,
Und ich vom Suchen matt, enttäuscht, verstört.

Doch manchmal, ohne Wunsch, Gedanke, Ziel,
Im Alltagstreiben, mitten im Gewühl
Der Großstadt, aus dem tausendstimm'gen Chor,
Dem wirren Chaos, schlägt es an mein Ohr
Wie Märchenklang, waldduftig, nächtigkühl,
Und Bilder seh ich, nie geahnt zuvor.

Das Nichts, der Klang, der Duft, er wird zum Keim,
Zum Lied, geziert mit flimmernd buntem Reim,
Das ein paar Tage im Gedächtnis glüht ...
Mit einem Strauß am Fenstersims verblüht
In meines Mädchens duftig engem Heim ...
Beim Wein in einem Trinkspruch flüchtig sprüht ...

So faß ich der Begeistrung scheues Pfand
Und halt es fest, zuweilen bunten Tand,
Ein wertlos Spielzeug, manchmal – selten – mehr,

Und schreib's, wo immer, an der Zeitung Rand,
Auf eine leere Seite im Homer,
In einen Brief, – (es wiegt ja selten schwer) …

Ich schrieb auch schon auf eine Gartenbank,
Auf einen Stein am Quell, daraus sie trank,
Auf bunte Schleifen buntre Verse schier,
Auf einer Birke Stamm, weißschimmernd, blank,
Und jüngst auf ein zerknittert Stück Papier
Mit trockner Inschrift, krauser Schnörkelzier:

Ein Fetzen Schuld, vom Staate aufgehäuft,
Wie's tausendfach durch aller Hände läuft,
Dem einen Brot, dem andern Lust verschafft,
Und jenem Wein, drin er den Gram ersäuft;
Gesucht mit jedes erster, letzter Kraft,
Mit List, in Arbeit, Qualen, Leidenschaft.

Und wie von einem Geisterblitz erhellt,
Sah ich ein reich Gedränge, eine Welt.
Kristallklar lag der Menschen Sein vor mir,
Ich sah das Zauberreich, des Pforte fällt,
Vor der verfluchten Formel hier,
Des Reichtums grenzlos, üppig Jagdrevier.

Der Bücher dacht ich, tiefer Weisheit schwer,
Entrungen aus des Lebens Qualenmeer,
Der Töne, aus der Sphären Tanz erlauscht,
Der Bilder Farbenglut, Gestaltenheer,
Der Becher Weins, daraus Begeistrung rauscht,
All' für das Zauberblättchen eingetauscht.

Der harten Arbeit untertän'ge Kraft,
Erlogner Liebe Kuß und Leidenschaft,
Die Jubelhymne und des Witzes Pfeil,
Was Kunst und was Natur im Wettkampf schafft,
Feil! alles feil! die Ehre selber feil!
Um einen Schein, geträumter Rechte Teil!

Und meiner Verse Schar, so tändelnd schal,
Auf diesem Freibrief grenzenloser Qual,
Sie schienen mir wie Bildwerk und Gezweig
Auf einer Klinge tödlich blankem Stahl …

Oktober 1890

GEDANKENSPUK

»Könnten wir die Historie loswerden«
Friedrich Nietzsche

Vernichtunglodernd
Tödlich leuchtend,
Lebensversengend
Glüht uns im Innern
Flammender Genius.
Aber es schützt uns
Vor dem Verglimmen
Kühlenden Unkrauts dichte Decke,
Die unser Herz feucht wuchernd umspinnt:
Gewohnheit und gedankenlose
Lust am Leben,
Und tröstende Lüge,
Und süßer Selbstbetrug,
Und trauliches Dämmern
Von heut auf morgen ...
Wir fragen im Innern
Leuchtend die Charis,
Die strahlende Ahnung der Kunst.
Aber die Götter haben sie tückisch
Mit dem Hephästos vermählt:
Dem schmierigen Handwerk,
Der hinkenden Plage,
Der humpelnden, keuchenden Unzulänglichkeit.
Wir tragen im Innern
Den Träumer Hamlet, den Dänenprinzen,
Den schaurig klugen,
Den Künstler der Lebensverneinung,

Der den Schrei der Verzweiflung noch geistreich umrankt
                              mit funkelndem Witz.
Aber bei ihm sitzt
In unserer Seele enger Zelle
Mit blödem Mönchsfleiß,
Und emsig das Leben bejahend,
Gräber schaufelnd der schmerzenden Wahrheit,
Gräber von Büchern, Worten, Staub,
Der eignen Beschränktheit in Ehren froh,
Ein lallender Kobold: der deutsche Professor ...
Wir tragen im Innern den Faust, den Titanen,
Und Sganarelle, die Bedientenseele,
Den weinenden Werther – und Voltaire, den Zweifler,
Und des Propheten gellenden Wehruf
Und das Jauchzen schönheittrunkner Griechen:
Die Toten dreier Jahrtausende,
Ein Bacchanal von Gespenstern.
Von andern ersonnen, von andern gezeugt,
Fremde Parasiten,
Anempfunden,
Krank, vergiftet. –
Sie wimmern, sie fluchen, sie jauchzen, sie streiten:
Was wir reden, ist heisrer Widerhall
Ihres gellenden Chors.
Sie zanken wie taumelnde Zecher
Uns zur Qual!
Aber es eint sie die Orgie
Uns zur Qual!
Sie trinken aus unsrem Schädel
Jauchzend den Saft unsres Lebens –
Sie ranken sich erstickend,
Zischende Schlangen,
Um unser Bewußtsein –

Sie rütteln am ächzenden Baum unsres Glücks
Im Fiebersturm –
Sie schlagen mit knochigen Händen
An unsrer Seele bebende Saiten –
Sie tanzen uns zu Tode:
Ihr wirbelnder Reigen wühlt die Welle auf.
Die Lebenswelle, die Todeswelle,
Bis sie die Dämme brandend zersprengt
Und die Gespenster verschlingt
Und uns mit ihnen ...
Und sich über unsre Qualen breitet
Ein schweigender, kühlender Mantel:
Nacht ...!

1890

SÜNDE DES LEBENS

Wie die Lieder wirbelnd erklingen!
Wie die Fiedeln zwitschern und singen!
Wie aus den Blicken die Funken springen!
Wie sich die Glücklichen liebend umschlingen!
　　Jauchzend und schrankenlos,
　　Sorglos, gedankenlos
　　Dreht sich der Reigen,
　　Der Lebensreigen. –
　　Ich muß schweigen,
　　Kann mich nicht freuen,
　　Mir ist so angst ...
Finster am Bergesrand
Wandelt die Wolke,
Hebt sich des Herren Hand
Dräuend dem Volke:
Und meine Augen, sie sehen's alleine,
Und meine Sorgen verstehen's alleine ...
Es fiel auf mich in der schweigenden Nacht,
Und es läßt mich nicht los,
Wie dumpfer hallender Glockenlaut,
Es folgt mir durch die Frühlingspracht,
Ich hör es durch der Wellen Getos:
　　Ich habe den Frevel des Lebens geschaut!
　　Ich sah den Todeskeim, der aus dem Leben sprießt,
　　Das Meer von Schuld, das aus dem Leben fließt,
　　Ich sah die Fluten der Sünden branden,
　　Die wir ahnungslos begehen,
　　Weil wir andere nicht verstanden,
　　Weil uns andere nicht verstehen.
O flöge mein Wort von Haus zu Haus,
Dröhnend wie eherne Becken,

Gellend durch das Alltagsgebraus,
Die Welt aus dem Taumel zu wecken,
Mit bebendem Halle
Zu fragen euch alle:
    Dichter im Lorbeerkranz,
    Betrogner Betrüger,
    Wärmt dich dein Ruhmesglanz,
    Macht er dich klüger?!
    Deuten willst du das dämmernde Leben,
    Im Herzen erlösen das träumende Streben?
    Kannst du denn noch verstehen,
    Was du selber gestern gedacht,
    Kannst du noch einmal fühlen
    Den Traum der letzten Nacht?
    Wenn deine Seele weinet,
    Weißt du denn auch warum?
    Dir ahnt und dünkt und scheinet, –
    Oh, bleibe lieber stumm.
Denn was dein Geist, von Glut durchzuckt, gebar,
Eh du's gestaltet, ist's schon nicht mehr wahr.
Es ward dir fremd, du kannst es nicht mehr halten,
Kennst nicht seine tötenden Gewalten:
    Endlose Kreise
    Ziehet das leise
    Unsterbliche Wort
    Fort und fort.
Wie es tausendfach gedeutet
Irrlichtgleich die Welt verleitet,
Schmeichelnd die Seelen betöret,
Tobend die Seelen zerstöret,
Ewig seine Form vertauschend,
Durch die Zeiten vorwärts rauschend
Nachempfunden, nachgehallt,

Seellos wogt und weiterwallt,
Ewig unverstanden taumelt,
Ruh- und friedlos immerzu,
Deines Geists verfluchtes Kind,
Unsterblich wie du!

Gatte der jungen Frau,
Hast du es auch bedacht,
Als um dich liebelau
Rauschte die erste Nacht,
Als du sie glühend an dich drücktest,
Daß du vielleicht ihre Seele ersticktest?
Daß vielleicht was in ihr schlief
Nach einem Andern angstvoll rief,
Um den's ihr unbezwinglich bangte,
Nach dem ihr ganzes Sein verlangte?
Daß dein Umfangen vielleicht ein Zerbrechen,
Daß dein Recht vielleicht ein Verbrechen? ...
  Nimm dich in acht!
  Seltsame Kreise
  Spinnen sich leise
  Aus klagenden Augen
  Und sie saugen
  An deinem Glück!
  Einen Andern
  Hätten die Kreise
  Golden umgeben,
  Kraft ihm entzündend,
  Liebe verkündend;
  Dich aber quälen sie,
  Schweigend erzählen sie
  Dir von Entbehrung,
  Die du verschuldet hast,

Dir von Entehrung,
Die du geduldet hast,
Und von Wünschen, unerfüllbar,
Und von Sehnsucht, die unstillbar
Ihr betrognes Herz durchbebt,
Wie die Ahnung des Verlornen,
Die um blasse Kinderwangen
Und um frühverwelkte Blumen
Traurig und verklärend webt.

Reicher im goldnen Haus,
Fühlst du kein Schauern?
Dringt nicht ein Stimmgebraus
Dumpf durch die Mauern?
Die da draußen frierend lungern,
Dich zu berauschen, müssen sie hungern,
Ihre gierigen Blicke suchen dich,
Ihre blassen Lippen verfluchen dich,
Und ihr Hirn mit dumpfem dröhnendem Schlag,
Das schmiedet, das schmiedet den kommenden Tag.

Priester, du willst die Seele erkennen,
Willst Gesundes vom Kranken trennen,
Irrt dein Sinn oder lügt dein Mund?
Wer ist krank? Was ist gesund?

Richter, eh du den Stab gebrochen,
Hat keine Stimme in dir gesprochen:
Ist das Gute denn nicht schlecht?
Ist das Unrecht denn nicht Recht?

Mensch, eh du einen Glauben verwarfst,
Weißt du denn auch, ob du es darfst?

Wärest du tief genug nur gedrungen,
Wär dir derselbe Quell nicht entsprungen?

Keiner ahnet, was er verbricht,
Keiner die Schuld und keiner die Pflicht.
Darfst du leben, wenn jeder Schritt
Tausend fremde Leben zertritt,
Wenn du nicht denken kannst, nichts erspüren,
Ohne zu lügen, zu verführen!
Wenn dein bloßes Träumen Macht ist,
Wenn dein bloßes Leben Schlacht ist,
Dunkles Verderben dein dunkles Streben,
Dir selbst verborgen, so Nehmen wie Geben!
    Darfst du sagen »Ich sehe«?
    Dich rühmen »Ich verstehe«?
    Dem Irrtum wehren,
    Rätsel klären,
    Du selber Rätsel,
    Dir selber Rätsel,
    Ewig ungelöst?!
Mensch!
Verlornes Licht im Raum,
Traum in einem tollen Traum,
Losgerissen und doch gekettet,
Vielleicht verdammt, vielleicht gerettet,
Vielleicht des Weltenwillens Ziel,
Vielleicht der Weltenlaune Spiel,
Vielleicht unvergänglich, vielleicht ein Spott,
Vielleicht ein Tier, vielleicht ein Gott.

Wohl mir, mein müder Geist
Wird wieder Staub,
Wird, wie der Weltlauf kreist,

Wurzel und Laub;
Wird sich des keimenden Daseins freuen,
Frühlingstriebe still erneuen,
Saftige Früchte zur Erde streuen;
Freilich sein spreitendes Dach zu belauben,
Wird er andern die Säfte rauben,
Andern stehlen Leben und Lust:
Wohl mir, er frevelt unbewußt!

1890

DENKMAL-LEGENDE
Zum Grillparzer-Gedenktage
(15. Jänner 1891)

I

Der Mann sitzt dort am Weg schon lang, so lang;
Und ich bin müd, und ich schliche so gern mich fort,
Und es hält mich sein Blick mit leisem, festem Zwang,
Und mir ist, als müßt ich ihm sagen ein Wort ...
                    und mir fehlt das Wort!

Es dämmert. Draußen klirrt und rauscht die Stadt.
Die Steine qualmen. Es ist dumpf und schwül.
Der Werktag geht zur Neige, schlurfenden Schritts
                    und matt.
Hier aber, im Garten, ist's leer und feucht und kühl.

Jetzt steht er auf, der hagre alte Mann.
Nein, nein, noch nicht ... Was schläft nur in den Augen,
Den müdverschleierten ... mich hält ihr Bann ...
Daß sie die Kraft mir aus der Seele saugen?

So dämmern Augen, die der Tod umschleiert,
Der langsame, der aus dem Leben quillt,
Indes das Lied der Welt Entsagung leiert
Und Ekel flutend durch die Seele schwillt.

So zucken Lippen, wenn die Seele schreit,
Nach einem Rausch, einem Glück, einem Glanz!
Und was in mir schläft, verklungen, weit, so weit,
Das regt sich erwachend in schmerzlichem Tanz.

So zucken Lippen, wenn zu oft betrogen
Mißtrauisch jedes Wort im Innern lauert,
Wenn, die einst flügelschlagend ausgeflogen,
Die Seele frierend jetzt zusammenkauert.

Setz dich zu ihm und hör dem Atmen zu,
Wie das gepreßt, verschüchtert durch die Brust ihm
                                    schleicht,
Doch stör ihn nicht, er sehnt sich so nach Ruh...
Und nah ihm leise, er erschrickt so leicht...

II

Kennt ihr den Mann? Nicht wahr, ihr kennt ihn nicht?
Den alten Mann mit seiner scheuen Pein,
Und doch trägt dies selbe vergrämte Gesicht
Der eure auch, gehauen aus weißem Stein.

Doch um ihn schimmert, den er tönend schuf,
Der marmorweißen Geisteskinder Chor,
Und seines Genius reichumkränzter Ruf
Schlägt tausendzüngig heut an jedes Ohr.

Das ist, was wahllos diese Welt verleiht,
Was tosend durch das Reich der Zeiten wallt;
Des Namens hallende Unsterblichkeit,
Wie Erz so unvergänglich und so kalt.

Der Name, den der Enkel sinnlos nennt,
Wie wir Vergangnes sinnlos mit uns tragen,
Der Formelwahn, der ehrt, was er nicht kennt:
Das könnt ihr geben, das könnt ihr versagen.

Doch was mich rührt und mich verwandt ergreift,
Wobei mir unbewußt die Tränen kamen,
Was dämmernd mir vertraut im Innern reift:
Das lebt, und wüßt auch keiner seinen Namen.

Aus unsern eignen Schmerzen spricht's uns an,
Mit leidend können wir auch mit verstehen:
Das ist mein Wort für jenen alten Mann:
Es lebt der Schmerz, der Marmor wird vergehen.

23. Dezember 90

SIEBEN SONETTE

Künstlerweihe

Wir wandern stumm, verschüchtert, bang gebückt
Und bergen scheu, was wir im Herzen hegen,
Und reden Worte, die uns nicht bewegen,
Und tote Dinge preisen wir entzückt.

Die Seele ist vergraben und erstickt ...
Verfaultes leuchtet fahl auf nächt'gen Wegen ...
Und sind wir müde, soll uns Kunst erregen,
Bis wir im Rausch der leeren Qual entrückt.

Jüngst fiel mein Aug auf Meister Wolframs Buch
Vom Parcival, und vor mir stand der Fluch,
Der vom verlornen Gral herniederklagt:
»Unseliger, was hast du nicht gefragt?!«
In Mitleid ahnend stumme Qual befreie:
Das ist einzig – eine Künstlerweihe!

1890

»Zukunftsmusik«

Heiligen Mitleids rauschende Wellen,
Klingend an jegliches Herze sie schlagen;
Worte sind Formeln, die können's nicht sagen,
Können nicht fassen die Geister, die hellen.

Frei sind die Seelen, zu jubeln, zu klagen,
Ahnungen dämmern und Kräfte erschwellen:

Töne den Tönen sich zaubrisch gesellen:
Gilt es dem Heute, den kommenden Tagen?

Wer will es deuten, – ein gärendes Wühlen,
Regellos göttlich, – wer will erlauschen
Heldenhaft höchstes und heißestes Fühlen,
Feuerlodern und Stromesrauschen … ?
Doch es beherrscht das Titanengetriebe
Bebende Ahnung erlösender Liebe.

Lebensquell

Die Frühlingsfluten ziehn durch meinen Geist:
Verwandte Gärung fühl ich sich ergießen
Durch tausend Knospen, die sich heut erschließen
Und neues Leben dampft und quillt und kreist.

Das ist des ew'gen Jugendbrunnens Fließen,
Der jeden Tag die gleiche Fülle weist:
In neuer, feuchtverklärter Schönheit gleißt
Was er benetzt, und locket zum Genießen:

Gedanken, kommt und trinkt euch neues Leben:
Du scheue Hoffnung, fastverklungnes Fühlen,
Du halbverzagtes, wegemüdes Streben,
Laßt euch von lichter Lebensflut umspülen,
Ihr Träume, Bilder, die ich täglich schaue,
Daß euch auf immer dieser Glanz betaue.

Sonett der Welt

Unser Leiden, unsre Wonnen
Spiegelt uns die Allnatur,
Ewig gilt es unsrer Spur,
Alles wird zum Gleichnisbronnen:

Erstes Grün der frischen Flur
Mahnst an Neigung zart begonnen,
Heißes Sengen reifer Sonnen
Bist der Liebe Abglanz nur!

Schlingt sich um den Baum die Winde,
Denken wir an uns aufs neue,
Sehnen uns nach einer Treue,
Die uns fest und zärtlich binde …
Und wir fühlen uns verwandt,
Wie wir unser Bild erkannt.

Sonett der Seele

Willensdrang von tausend Wesen
Wogt in uns vereint, verklärt:
Feuer loht und Rebe gärt
Und sie locken uns zum Bösen.

Tiergewalten, kampfbewährt,
Herrengaben, auserlesen,
Eignen uns und wir verwesen
Einer Welt ererbten Wert.

Wenn wir unsrer Seele lauschen,
Hören wir's wie Eisen klirren,
Rätselhafte Quellen rauschen,
Stille Vögelflüge schwirren ...
Und wir fühlen uns verwandt
Weltenkräften unerkannt.

31. Mai 1891

Erfahrung

Ich kann so gut verstehen die ungetreuen Frauen,
So gut, mir ist, als könnt ich in ihre Seelen schauen.
Ich seh um ihre Stirnen die stumme Klage schweben
Die Qual am langen, leeren, am lebenleeren Leben;

Ich seh in ihren Augen die Lust, sich aufzugeben,
Im Unergründlichen, Verbotenen zu leben;
Die Lust am Spiel, die Lust, das Letzte einzusetzen,
Die Lust am Sieg und Rausch, am Trügen und Verletzen.

Ich seh ihr Lächeln und die heimlichen, die Tränen,
Das rätselhafte Suchen, das ruhelose Sehnen.
Ich fühle, wie sie's drängt zu törichten Entschlüssen,
Wie sie die Augen schließen, und wie sie quälen müssen;
Wie sie für jedes Morgen ein jedes Heut begraben,
Und wie sie nicht verstehen, wenn sie getötet haben.

Rechtfertigung

So wie der Wandrer, der durch manch Verhau,
Manch blühend Dickicht seinen Weg gefunden:
Zerrißne Ranken haben ihn umwunden,
Auf Haar und Schläfen glänzt der frische Tau,

Und um ihn webt ein Duft noch viele Stunden
Wie Frühlingsgären und wie Ätherblau –:
So trägt der Dichter unbewußt zur Schau
Was schweigsam oft ein Freundesherz empfunden.

Er raubt es nicht, es kommt ihm zugeflogen
Wie Tau aus Blütenkelchen sich ergießt;
Der Blumen Zutraun hat er nicht betrogen,
Weil sich's ihm selber, unbegehrt, erschließt:
Den Tropfen hat ein Sehnen hingezogen,
Wo Bach zum Strom, und Strom zum Meere fließt.

VORGEFÜHL

Das ist der Frühling nicht allein,
Der durch die Bäume dränget
Und wie das Faß der junge Wein
Die Reifen fast zersprenget,

Der Frühling ist ja zart und kühl,
Ein mädchenhaftes Säumen,
Jetzt aber wogt es reif und schwül
Wie Julinächte träumen.

Es blinkt der See, es rauscht die Bucht,
Der Mond zieht laue Kreise,
Der Hauch der Nachtluft füllt die Frucht,
Das Gras erschauert leise.

Das ist der Frühling nicht allein,
Der weckt nicht solche Bilder
......

30. Januar 1891

BLÜHENDE BÄUME

Was singt in mir zu dieser Stund
Und öffnet singend mir den Mund,
Wo alle Äste schweigen
Und sich zur Erde neigen?

Was drängt aus Herzensgrunde
Wie Hörnerschall zutag
Zu dieser stillen Stunde,
Wo alles träumen mag
Und träumend schweigen mag?

An Ästen, die sich neigen
Und braun und dunkel schweigen,
Springt auf die weiße Blütenpracht
Und lacht und leuchtet durch die Nacht
Und bricht der Bäume Schweigen,
Daß sie sich rauschend neigen
Und rauschend ihre Blütenpracht
Dem dunklen Grase zeigen!

So dringt zu dieser stillen Stund
Aus dunklem, tiefen Erdengrund
Ein Leuchten und ein Leben
Und öffnet singend mir den Mund
Und macht die Bäum erbeben,
Daß sie in lichter Blütenpracht
Sich rauschend wiegen in der Nacht!

BLÜTENREIFE

I

Die Blüten schlafen am Baume
In schwüler, flüsternder Nacht,
Sie trinken in duftigem Traume
Die flimmernde, feuchte Pracht.
Sie trinken den lauen Regen,
Den glitzernden Mondenschein,
Sie zittern dem Licht entgegen,
Sie saugen es taumelnd ein:
Sie sprengen die schweigende Hülle
Und gleiten berauscht durch die Luft
Und sterben an der Fülle
Von Glut und Glanz und Duft.

Das war die Nacht der Träume,
Der Liebe schwül gärende Nacht,
Da sind mit den Knospen der Bäume
Auch meine Lieder erwacht.
Sie sprengten die schweigende Hülle
Und glitten berauscht durch die Luft
Und starben an der Fülle
Von Glut und Glanz und Duft.

II

Und es fragen mich die Leute:
»Sag, wie kommt's, daß deine Lieder
So das Gestern wie das Heute
Spiegeln tausendtönig wieder?

Wenn nur einer Stunde Beben
Sie beseelet und entzündet,
Sag, wie kommt's, daß all dein Leben
Bunt und seltsam in sie mündet,

All dein Grübeln und dein Träumen
In die Töneflut sich schlinget,
Der Gedanken wechselnd Schäumen
Dumpf durch deine Lieder klinget?«

Und ich sage: »Seht, es gleichen
Meine Lieder jenen Blüten,
Die ja auch in einer weichen,
Heißen, einz'gen Nacht erblühten,

Und im Kelche dennoch tragen
Eines ganzen Lebens Währen:
Sonne von versunknen Tagen,
Ferner Frühlingsnächte Gären.«

Der Schatten eines Toten fiel auf uns
Und einer Künstlerseele letzter Kampf,
Die Seele, die sich sterben zugesehn
Und die noch malen wollte ihren Kampf.

Und uns durchzitterte die böse Gier,
Nachzuempfinden dieses Toten Graun,
Als könnten wir durch sein gebrochnes Aug
Die tiefgeheimen Lebensgründe schaun.

Und wie ein Sterbender sich stöhnend wälzt
Und seine Decken zuckend von sich stößt,
So hatte **der** rings um uns, in uns selbst
Verhüllte Qual, betäubte Qual entblößt.

Unsagbar widerwärtig quoll es auf,
Wie Wellen, Ekelwellen brach's herein
So sinnlos leer und frierend kalt und öd,
Ein Atemzug der überreichsten Pein:

Als wär des Lebens Inhalt ausgelöscht,
Das Heiligste gelöst in Qualm und Dunst ...
Verstehn, Gestalten, Künstlersein, wozu?
Wozu denn Leben? und wozu die Kunst?

Erlognes an Erlognes, Wort an Wort
Wie bunte Steinchen aneinanderreihn!
Was wissen wir, wodurch's zusammenhält;
Und muß es so, und kann nicht anders sein?!

Und wär der Blick, mit dem wir es erschaun
Nur unser, unser der erträumte Schein!
Er ist es nicht, und was ich denke, ist,
Ja dieser Schrei ist Nachhall, ist nicht mein!
Nur eins ist mein, wie's auch dem Tier gehört,
Ist nicht gespenstisch, keinem nachgefühlt;
Daß mich bei deiner trostverschloßnen Angst
Ein seltsam dumpfes Mitleid hat durchwühlt.

Und daß ich, selber ohne Trost und Rat,
Dich trösten wollte, wie ein Kind ein Kind,
Das nichts von einverstandnem Kummer weiß,
Von Dingen, die unfaßbar in uns sind.

Das ist vielleicht das Letzte was uns bleibt,
Wenn der Gedanke ungedacht schon lügt:
Daß auf ein zitternd Herz das andre lauscht
Und leisen Drucks zur Hand die Hand sich fügt …

11./12. Februar

BALLADE VOM KRANKEN KIND

Das Kind mit fiebernden Wangen lag,
Rotgolden versank im Laub der Tag.
Das Fenster hing voller wildem Wein,
Da sah ein fremder Jüngling herein.

»Laß, Mutter, den schönen Knaben ein,
Er beut mir die Schale mit leuchtendem Wein,
Seine Lippen sind wie Blumen rot,
Aus seinen Augen ein Feuer loht.«

Der nächste Tag verglomm im Teich,
Da stand am Fenster der Jüngling, bleich,
Mit Lippen wie giftige Blumen rot
Und einem Lächeln, das lockt und droht.

»Schick, Mutter, den fremden Knaben fort,
Mich zehrt die Glut und mein Leib verdorrt,
Mich ängstigt sein Lächeln, er hält mir her
Die Schale mit Wein, der ist heiß und schwer!

Ach Mutter, was bist du nicht erwacht!
Er kam geschlichen ans Bett bei Nacht:
Und, weh, seinen Wein ich getrunken hab
Und morgen könnt ihr mir graben das Grab!«

GÜLNARE

I

Schimmernd gießt die Ampel Dämmerwogen um dich her,
Leise kommt der Orchideen Duft geflogen um dich her
Aus den bunten, schlanken Vasen; und der Spiegel streut
                                    die Strahlen,
Die er, wo der Schimmer hinfällt, aufgesogen, um dich her.
Auf dem Teppich, dir zu Füßen, spielt der Widerschein
                                    des Feuers,
Zeichnet tanzend helle Kreise, Flammenbogen um dich her;
Und die Uhr auf dem Kamine, die barocke, zierlich steife,
Tickt die Zeit, die süßverträumte, wohlgewogen um dich her.

II

Und die Melodie der Farben und der reichen Formen
                                    Reigen
Schlingt sich lautlos, schönheittrunken um dein Träumen
                                    und dein Schweigen.
Märchenhaft ist deine Schönheit, märchenhaft und fremd
                                    und blendend,
Wie die goldnen Arabesken, die sich funkelnd rings
                                    verzweigen,
Und sie schwebt auf lichten Wolken, erdenfremd und
                                    sorglos lächelnd,
Wie die Amoretten, die sich von der Decke niederneigen.
Nur die Liebe fehlt dem Märchen, die das Schönste doch
                                    im Märchen:
Laß es mich zu Ende dichten, gib dich, Märchen,
                                    mir zu eigen.
                                    1891

216

DIE TOCHTER DER GÄRTNERIN

Die eine füllt die großen Delfter Krüge,
Auf denen blaue Drachen sind und Vögel,
Mit einer lockern Garbe lichter Blüten:
Da ist Jasmin, da quellen reife Rosen
Und Dahlien und Nelken und Narzissen ...
Darüber tanzen hohe Margueriten
Und Fliederdolden wiegen sich und Schneeball
Und Halme nicken, Silberflaum und Rispen ...
Ein duftend Bacchanal ...
Die andre bricht mit blassen feinen Fingern
Langstielige und starre Orchideen,
Zwei oder drei für eine enge Vase ...
Aufragend mit den Farben die verklingen,
Mit langen Griffeln, seltsam und gewunden,
Mit Purpurfäden und mit grellen Tupfen,
Mit violetten, braunen Pantherflecken
Und lauernden, verführerischen Kelchen,
Die töten wollen ...

1891

MEIN GARTEN

Schön ist mein Garten mit den goldnen Bäumen,
Den Blättern, die mit Silbersäuseln zittern,
Dem Diamantentau, den Wappengittern,
Dem Klang des Gong, bei dem die Löwen träumen,
Die ehernen, und den Topasmäandern
Und der Volière, wo die Reiher blinken,
Die niemals aus dem Silberbrunnen trinken ...
So schön, ich sehn' mich kaum nach jenem andern,
Dem andern Garten, wo ich früher war.
Ich weiß nicht wo ... Ich rieche nur den Tau,
Den Tau, der früh an meinen Haaren hing,
Den Duft der Erde weiß ich, feucht und lau,
Wenn ich die weichen Beeren suchen ging ...
In jenem Garten, wo ich früher war ...

1891

EINEM, DER VORÜBERGEHT

Du hast mich an Dinge gemahnet,
Die heimlich in mir sind,
Du warst für die Saiten der Seele
Der nächtige flüsternde Wind

Und wie das rätselhafte
Das Rufen der atmenden Nacht,
Wenn draußen die Wolken gleiten
Und man aus dem Traum erwacht,

Zu blauer weicher Weite
Die enge Nähe schwillt,
Durch Zweige vor dem Monde
Ein leises Zittern quillt.

Dezember 1891

WEIHNACHT

Weihnachtsgeläute
Im nächtigen Wind ...
Wer weiß, wo heute
Die Glocken sind,
Die Töne von damals sind?

Die lebenden Töne
Verflogener Jahr'
Mit kindischer Schöne
Und duftendem Haar,
Mit tannenduftigem Haar,

Mit Lippen und Locken
Von Träumen schwer? ...
Und wo kommen die Glocken
Von heute her,
Die wandernden heute her?

Die kommenden Tage,
Die wehn da vorbei.
Wer hört's, ob Klage
Ob lachender Mai,
Oh blühender, glühender Mai? ...

Dezember 1892

MÄDCHENLIED

»Was rinnen dir die Tränen,
Die Tränen stumm und heiß
Durch deine feinen Finger,
Die Finger fein und weiß?«

Mein Schleier ist zerrissen
Und wehet doch kein Wind
Und bin doch nirgends gangen
Niemals, wo Dornen sind . . .

Die Glocken haben heute
So sonderbaren Klang,
Gott weiß, warum ich weine,
Mir ist zum Sterben bang.

2. März 1893

KIRCHTURM

Die Kirche hat wenig Kerzen,
Ist armer Leut' und kalt.
Matt brennen die gläsernen Herzen,
Die sind wohl schon zu alt.

Da steig ich lieber auf den Turm,
Schau übers Kirchendach,
Schau, wie durch Abendwiesen
Hinrauscht der Erlenbach,

Wie über die kleinen Gräber
Sich neigt der Apfelbaum
So schön mit seinen Zweigen
Als wie ein Ding im Traum ...

Verliebte junge Tote,
Die fliegen auf bei Nacht
Und sitzen in den Zweigen,
Bis Morgenlicht erwacht.

Hoch über dem Apfelbaume
Im Turme sitzt man gut,
Wenn unten die Sichel im Rasen,
Der Teich im Rette ruht.

O säßen wir beide oben,
Wir beide Hand in Hand,
Verschlungene Finger, stille,
Still über dem leuchtenden Land,

So still unsäglich selig,
Daß unsrer Lieb' zulieb
Die Turmuhr uns zu Füßen
Still stehn und stocken blieb'.

Da droben frei!
Wir zwei allein!
Mein Gott, warum
Wird das nie sein?
Nie wirklich sein?

SPAZIERGANG

Ich ging durch nächtige Gassen
Bis zum verstaubten Rand
Der großen Stadt. Da kam ich
An eine Bretterwand

Auf einem öden Wall von Lehm,
Ich konnt nicht weiter gehen
Noch auch im klaren vollen Licht
Des Monds hinüber spähen.

Dahinter war die ganze Welt
Verschwunden und versunken
Und nur der Himmel aufgerollt
Mit seinen vielen Funken.

Der Himmel war so dunkelblau
So glanz- und wunderschwer,
Als rollte ruhig unter ihm
Ein leuchtendes feuchtes Meer.

Die Sterne glommen, als schauten sie
In einen hohen Hain
Mit rieselnden dunkeln Wassern
Und rauschenden Wipfeln hinein.

Ich weiß nicht, was dort drüben war,
Doch war's wohl fort und fort
Nur öde Gruben, Sand und Lehm
Und Disteln halbverdorrt.

Sag, meine Seele, gibt es wo
Ein Glück, so groß und still,
Als liegend hinterm Bretterzaun
Zu träumen wie Gott will,

Wenn über Schutt und Staub und Qualm
Sich solche Pracht enthüllt,
Daß sie das Herz mit Orgelklang
Und großem Schauer füllt?

23. März 1893

HANSGEORG SCHMIDT-BERGMANN

ZWISCHEN POESIE UND LEBEN –
HUGO VON HOFMANNSTHALS
LYRISCHES WERK

> Man lasse uns Künstler in Worten sein, wie andere in
> den weißen und farbigen Steinen, in getriebenem Erz,
> in den gereinigten Tönen oder im Tanz.
>
> Hugo von Hofmannsthal (1896)

Im Juni 1890 erscheint in der Beilage der Wiener »Presse« ein Sonett mit dem Titel »Frage«. Es beginnt mit den Versen:

> Merkst du denn nicht, wie meine Lippen beben?
> Kannst du nicht lesen diese bleichen Züge,
> Nicht fühlen, daß mein Lächeln Qual und Lüge,
> Wenn meine Blicke forschend dich umschweben?

Es ist das erste veröffentlichte Gedicht Hugo von Hofmannsthals, Verse eines Sechzehnjährigen, der sich eines Pseudonyms bediente, weil er als Gymnasiast unerkannt bleiben musste: »Loris Melikow« – gewählt nach einem zwei Jahre zuvor verstorbenen russischen Grafen. Als »Loris« ist Hofmannsthal vor der Jahrhundertwende in den Wiener Künstlerkreisen schnell legendär, im »Jungen Wien«, entdeckt und eingeführt von dem einflussreichen freien Kritiker und Schriftsteller Hermann Bahr, bildete er bald den Mittelpunkt in den einschlägigen Cafés und literarischen Salons. Erstmals seit Franz Grillparzer und Adalbert Stifter und nach Jahren des literarischen Stillstands, gab es in Wien wieder eine Gruppe von Schriftstellern, die sich international behaupten konnten und eine eigene Form der »Moderne« in dem Jahrzehnt vor der Jahrhundertwende repräsentierte. Fin de Siècle, Décadence, Neuromantik, Synästhesie, Symbolismus sind nur einige Stichworte, die sich mit der Literatur zwischen 1890 und 1910 assoziieren lassen – einig war man sich in der radikalen Abwendung vom Naturalismus. Hofmannsthal und mit ihm die Künstler der Wiener Moderne stellten sich dem herrschenden künstlerischen und gesellschaftlichen Bewusstsein vor der Jahrhundertwende entgegen. Sie opponierten mit Sätzen Friedrich Nietzsches auf den Lippen gegen den Manierismus der zum Stillstand gekommenen Gründerzeit – »Nietzsches Philosophie verführt wie die Poesie«, notiert sich Hofmannsthal 1891 – und: »Überwindung des Lebens im Durchleben«. Daraus resultiert das nervöse, teilweise exaltierte »namenlose Heimweh« nach einem ersehnten »richtigen« Leben, wie es in dem Gedicht »Erlebnis« heißt. Doch dieses bleibt namenlose Utopie. Wenn Hofmannsthal die Künstler in seinen literarischen Werken, die an diesem Bewusstsein teilhaben, scheitern lässt, so vollzieht er nur poetisch, woran der ästhetische Anspruch dem Leben gegenüber im Fin de Siècle real zerbrochen ist – dass er Kunst bleiben musste und zum Leben keinen Zugang finden konnte. Es ist diese Gewissheit, und dieser Umschlag des Schönen in den Schrecken, von der auch ein großer Teil der annähernd 350 Gedichte Hofmannsthals zeugen. Etwa ein Viertel davon, um die neunzig, fallen in die Jahre zwischen 1887 bis 1891, sie sind noch ohne einen eigenen Ton, stehen in der Tradition des 19. Jahrhunderts und nehmen beispielsweise die Stimmung und Form der Gedichte von Nikolaus Lenau, Friedrich Rückert und August von Platen auf. »Du hast mich an Dinge gemahnt, / Die heimlich in mir sind«, so beginnt das Gedicht »Einem, der vorübergeht«. Erst seit der Begegnung mit Stefan George im Dezember 1891, auf den das Gedicht anspielt, sollte sich die literarische Entwicklung Hugo von Hofmannsthals beschleunigen und sein lyrisches Werk schließlich teilhaben lassen am europäischen Symbolismus. In seinen Aufzeichnungen notiert sich Hofmannsthal: »Stefan George. (Baudelaire, Verlaine, Mallarmé, Poe, Swinburne)«. Doch auch das war Übergang, denn was Hofmannsthal wollte, war der »eigene Ton«. Rainer Maria Rilke betont 1898 in seinem Aufsatz »Moderne Lyrik« zu Recht, dass Hofmannsthal von den Symbolisten »manche

Geste übernommen« habe, diese letztlich jedoch den eigenen »reichen, ursprünglichen Besitz« auf hohem Niveau anverwandeln würde. »Der eigene Ton ist alles; wer den nicht hält, begibt sich der inneren Freiheit, die erst das Werk möglich machen kann«, formuliert Hugo von Hofmannsthal in seinem Vortrag »Poesie und Leben« (1896).

Als einziges Kind des Bankdirektors Dr. Hugo von Hofmannsthal und seiner Frau Anna, geb. Fohleutner, am 1. Februar 1874 geboren, verlebte er die Jahre bis 1890 fast schon ängstlich umsorgt. Die Entwicklung der jüdischen Familie, mit ihren Bindungen nach Böhmen und Italien, illustriert den Verlauf der habsburgischen Geschichte im 19. Jahrhundert. Der Urgroßvater Isaak Löw Hofmann war 1792 als Kaufmann von Prag nach Wien gekommen. 1835 wurde er als »Edler von Hofmannsthal« in den erblichen Adelsstand erhoben. August Emil von Hofmannsthal, der Großvater, führte die entstandene Manufaktur für Seidenveredelung erfolgreich weiter und konvertierte, wie viele andere jüdische Gläubige zum Katholizismus. »Meine beiden Großväter, der Notar und der Seidenfabrikant«, so erinnert sich Hugo von Hofmannsthal, »waren rechtliche, gesellige, in allen menschlichen Verhältnissen heimische Männer«. Sie repräsentierten eine bürgerliche Schicht, deren Untergang spätestens seit dem großen Wiener Börsenkrach 1873 eingeleitet worden war. Die Brüchigkeit der »Gründerzeit«, die wirtschaftliche Prosperität versprach und erstmals die Börsenspekulation zu einem bestimmenden ökonomischen Faktor werden ließ, war offenkundig geworden. Auch die Hofmannsthals verloren dadurch einen Großteil ihres Besitzes. Als »fröhliche Apokalypse Wiens um 1880« hat Hermann Broch in seiner hintergründigen Schrift »Hofmannsthal und seine Zeit« diese Jahre eindrucksvoll charakterisiert. Aus den schwülstigen Interieurs im Stile des ganz auf das Dekorative und Äußerliche ausgerichteten österreichischen Malers Hans Makart (1840–1884) heraustretend, ersehnten sich die »Jungen Wiener« die Enträtselung eines Lebens, das sich selbst als verfallendes schon früh erfahren musste. Ein Fragender und Zweifelnder ist Hugo von Hofmannsthal als Lyriker: »Was ist die Welt?«, »Weltgeheimnis«, »Ballade des äußeren Lebens«, »Leben Traum und Tod«, so sind einige seiner bekannten frühen Gedichte überschrieben und eben, im Anschluss an ein gleichnamiges Sonett von Nikolaus Lenau, »Frage«: der Vers »Sehnst du dich nicht nach einem Hauch von Leben, …?« zeigt den jungen Dichter als den Suchenden und Begehrenden.

In seinen Anfängen sieht Hofmannsthal rückblickend den Willen wirksam, »zu sich selber« kommen zu wollen. Doch die bestimmende Erfahrung ist die des Ungenügens. Die Zeit erfährt das lyrische Ich als eine der kontinuierlichen Zerstörung und des Verfalls. In der Epoche des »Untergangs« und des Erwachens zum Tode werden als literarische Sinnbilder eines existentiellen Unbefriedigtseins in der Wiener Jahrhundertwende barocke Allegorien nochmals relevant, die das moderne Bewusstsein der Vergeblichkeit des Lebens, des vanitas vanitatum zum künstlerischen Ausdruck verhelfen. Erst der Tod durchbricht die »Rollen, die wir spielen«, heißt es in dem Gedicht »Todes-Erfahrung«. Wie ist der Last des Vergangenen zu entkommen? Die Gedichte thematisieren den Versuch, einen neuen Anfang zu setzen. »Könnten wir die Historie loswerden«, es ist eine Wendung Friedrich Nietzsches, die Hofmannsthal seinem Gedicht »Gedankenspuk« als Motto vorangestellt hat. In seinem ersten Aufsatz über Gabriele d'Annunzio (1893) spricht Hofmannsthal von dem »eklektischen Jahrhundert«: »Wir haben aus den Toten unsere Abgötter gemacht«. Der Hass auf die Realität steigert sich zu einem Selbsthass und nimmt schließlich auch eine Kunst nicht mehr aus, die zur Dekoration – oder zu einem bloßem Zitat – verkommen ist. Das »neue« Wien mit dem scheinhaften Glanz der Ringstraßenarchitektur steht hierfür als Chiffre dafür. Hermann Bahr hat in seiner Schrift »Selbstbildnis« dazu eindeutige Worte gefunden: »Die Grenze, wo Pracht und Prunk zu Protz wird, war verwischt, der Ausdruck dieser Vermischung ist die Ringstraße: le Bourgeois gentilhomme.« Dagegen opponiert der Ästhetizismus der Jahrhundertwende. »Sie tanzen uns zu Tode«, der Künstler der Jahrhundertwende erfährt sich lediglich noch als ein »heisrer Widerhall« der Geschichte. Nach dem Ende der Kunst sind die Epigonen der großen künstlerischen Stile verstummt, die »Seele ist vergraben und erstickt ...« heißt es in Hofmannsthals Gedicht »Künstlerweihe«. Die ersten Verse zeichnen ein eindrückliches Bild der sich als »Spätgeborene« bewusst werdenden Künstlergeneration an der Schwelle zum 20. Jahrhundert:

> Wir wandern stumm, verschüchtert, bang gebückt,
> Und bergen scheu, was wir im Herzen hegen,
> Und reden Worte, die uns nicht bewegen,
> Und tote Dinge preisen wir entzückt.

Die Faszination des unbedingt Ästhetischen und das Bewusstsein von der Gefährdung einer ausschließlich künstlerischen Existenzform verschränken sich im Werk Hofmannsthal vor der Jahrhundertwende. Gänzlich unverschlüsselt offenbart sich diese Ambivalenz wie in der Lyrik insbesondere in den frühen Künstlerdramen. 1891 wird das erste lyrische Drama »Gestern« veröffentlicht, diesmal unter dem Pseudonym Theophil Morren. 1892 folgten die

Dramen »Der Tod des Tizian«, 1893 »Der Tor und der Tod«, das zu einem der erfolgreichsten Bände der Insel-Bücherei werden sollte. »Erst, da ich sterbe, spür ich, daß ich bin«, es ist diese Erfahrung, die Claudio hier stellvertretend für seine lebensuntüchtigen Brüder kurz vor seinem Ende artikuliert. Hofmannsthals lyrisch-dramatische Versuche und seine frühen Gedichte sind beispielhaft für die Stimmung des Wiener Fin de Siècle. Fortschreitend, und das unterscheidet Hofmannsthal von anderen Autoren des »Jungen Wien« wie etwa Leopold von Andrian, wird die gelebte ästhetische Haltung infrage gestellt. »Ja, nur den Sinnen wollen wir uns vertrauen, was sie verkünden und befehlen«, die »Körper wollen wir schauen« und das »Außen zum Innern zu machen«, schreibt der Wegbereiter der Wiener Moderne Hermann Bahr. Analog dazu führt Hugo von Hofmannsthal in einem seiner ersten kritischen Aufsätze »Zur Physiologie der modernen Liebe« (1891) über das literarische Werk Paul Bourgets aus, dass es der Kunst zwar darum gehen müsse, die »Seelenzustände« darzustellen. Die »Grundlagen aller Poesie« sind jedoch die Körper und die Sinne. Der »ganze Mensch« ist es, so schließt Hofmannsthal, das »Individuum Nietzsches«, den man wiederzugewinnen habe. Im gleichen Jahr begegnet Hugo von Hofmannsthal dem dreiundzwanzigjährigen Stefan George in Wien. Es ist George, der als Werbender auftritt und Hofmannsthal, und damit die Person, die sich unter dem Pseudonym Loris verbarg, für sein Werk zu gewinnen suchte: »es handle sich um die Vereinigung derer, welche ahnten, was das Dichterische sei«, so berichtet Hugo von Hofmannsthal rückblickend über die erste Begegnung im Café Griensteidl. Hofmannsthal spürte das Gefährliche »des esoterischen Tons«, wodurch sich, wie Th. W. Adorno formuliert hat, »jenes narzißtisch sich abdichtende Wesen«

sich das Pathos einer »Führerfigur« zu geben versuchte. Die Assoziation des sich auf die erste Begegnung mit George beziehenden Gedichtes – »Einem, der vorübergeht« – mit dem Sonett »A une Passante« von Charles Baudelaire aus den »Fleurs du mal« ist so gewollt und ein Hinweis Hofmannsthals darauf, dass die sich in Wien kreuzenden Lebenswege bald wieder verlieren würden. Doch zunächst ist es Stefan George, der Hofmannsthal mit den Gedichten der französischen Symbolisten bekannt machte, in deren Werken Hofmannsthal die Korrespondenzen zu seinem eigenen Dichten sah, aber auch die Differenzen erkannte, die sich aus den spezifisch österreichischen Traditionen für die Form des eigenen Dichten ergeben müssten. In den von George herausgegebenen »Blättern für die Kunst« erscheinen zunächst einige Gedichte Hofmannsthals, darunter »Vorfrühling«, »Psyche«, »Erlebnis« und »Wolken«. Doch in dem »Propheten« eines »ästhetischen Reiches«, Stefan George, der ja auch mehr als nur eine geistige Beziehung begehrte, erfuhr der junge Hofmannsthal das Gefährdende einer ausschließlich künstlerischen Haltung dem Leben gegenüber. »Wer gar keiner Kunst angehört darf sich der überhaupt rühmen dem Leben anzugehören?« Verständlich ist, dass Hofmannsthal gegen solche Sätze Georges opponierte. »Von seinen Worten, den unscheinbar leisen, / Geht eine Herrschaft aus und ein Verführen«, notierte Hofmannsthal in sein Tagebuch, und über die Mitarbeiter der »Blätter für die Kunst« schrieb er 1894 an Leopold von Andrian, dass sie »pedantisch manierierte und gleichzeitig manierlose Menschen« seien. Damit begann die Distanzierung von George und bereitete sich in den folgenden Jahren Hofmannsthals »Wandlung« vor, die ihren »literarischen Ausdruck« im sogenannten fiktiven »Chandos-Brief« (1902) gefunden hat – der endgültige Bruch mit Stefan George folgte dann 1906. Hofmannsthals frühe Phase ist damit beendet. »Der Weg zum Leben (und zum Sozialen) durch das Werk und das Kind« notiert sich Hofmannsthal in den biographischen Aufzeichnungen »Ad me ipsum«, mit denen er 1916 beginnt. Zu dem späteren Werk des Familienvaters Hofmannsthal sollten keine Gedichte mehr gehören – der in Wien vielbewunderte Loris verstummt nach der Jahrhundertwende endgültig.

Die erste Ausgabe der »Gesammelten Gedichte« erscheint 1907 im Leipziger Insel-Verlag. Schon vor dieser Publikation hatte Hugo von Hofmannsthal eine enge Beziehung zu Anton Kippenberg, der den Verlag seit 1905 leitete. Für das erste Heft der von Otto Julius Bierbaum, Alfred Walter Heymel und Rudolf Alexander Schröder herausgegebenen Zeitschrift »Die Insel«, die im Oktober 1899 erschien, hatte Hofmannsthal das Gedicht »Im Grünen zu singen« den Herausgebern überlassen. Als weitere Beiträger waren unter anderem Paul Scheerbart, Richard Dehmel, Detlev von Liliencron, Paul Verlaine und Robert Walser vertreten. Im Mai 1900 wurde Hofmannsthals Dramolett »Der Kaiser und die Hexe« mit Zeichnungen von Heinrich Vogeler im »Verlag der Insel« veröffentlicht, eines der buchkünstlerischen Inkunabeln des Jugendstils. Nachdem der Insel-Verlag 1901 selbstständig geworden war, zählte auch Hugo von Hofmannsthal zu den vertretenen Autoren. Für die im Verlag erscheinende Ausgabe von »Erzählungen aus den tausendundein Nächten« (1906-1908) gewann Anton Kippenberg Hofmannsthal ebenso für den einleitenden Essay wie für das Vorwort zu der sechzehnbändigen Ausgabe der Werke Balzacs (1908-1911). 1906 erschienen erstmals die gesammelten »Kleinen Dramen«, 1912 war Hofmannsthal Herausgeber der Sammlung »Deutsche Erzähler«. Der Erste Weltkrieg war dann auch für Hofmannsthal eine wichtige Zäsur. In seinen politischen Aufsätzen rief er zur »Bejahung

Österreichs« auf. Seine »Worte zum Gedächtnis des Prinzen Eugen«, die in Kriegsjahren an den »größten Österreicher«, den Bezwinger der türkischen Belagerer, Eugen von Savoyen (1663-1736) erinnern sollten, wurden 1915 in den Insel-Almanach aufgenommen. Zwischen 1915 und 1918 erschienen, rückblickend wie ein literarisches Menetekel des realen Untergangs des habsburgischen Österreichs, die von Hofmannsthal initiierte und herausgegebene »Österreichische Bibliohek« mit insgesamt 26 Bänden. »Nachricht und Spuren vom frühen Wandel unserer Glaubensboten und heiligen Männer dürfen sich kreuzen mit blutigen Ruhmestaten unserer Heere«, schrieb Hofmannsthal in der Vorankündigung zu den ersten Bänden. Für den Insel-Verlag wurden die übernommenen Bände der »Österreichischen Bibliothek« zu einem finanziellen Misserfolg, nach der Beendigung des Ersten Weltkrieges wurden keine weiteren Folgen mehr gedruckt. Hofmannsthal blieb dem Insel-Verlag und dem Verleger Anton Kippenberg aber auch in den ersten Jahren der »Zwischenkriegszeit« der Weimarer Republik verbunden. Ende 1918 versichert der Dichter Kippenberg, daß für ihn »der Insel-Verlag von allem Anfang an nicht eine Geschäftsunternehmung war«, sondern der Ausdruck einer spezifisch »geistig-konservativen« Haltung. Dieser blieb er treu. »Hofmannsthal ist, wie einsam auch immer, die darstellende Gestalt des alten Oesterreich. Die Welt, an der er hing, sterben zu sehen«, darin sah der Literaturhistoriker Max Kommerell schon unmittelbar nach Hofmannsthals Tod eine tragische Verstrickung. Es ist diese Erfahrung, durch die Hofmannsthal sich von seinem frühen Werk immer weiter entfernte. Das was ihn als Lyriker auszeichnete und was seine Gedichte reflektieren, die Vermischung von Traum und Realität und die tastende Suche nach der eigenen Aufgabe im Leben, bezeichnet Hugo von Hofmannsthal retrospektiv als den schmerzhaften Weg von der »Präexistenz zur Existenz«. Später schreibt er über seine frühen Gedichte: »ich staune, wie man es hat ein Zeugnis des l'art pour l'art nennen können – wie hat man den Bekenntnischarakter, das furchtbar Autobiographische daran übersehen können«. Die Poesie, so kann man in dem ein Jahr nach dem »Chandos«-Brief entstandenen »Gespräch über Gedichte« (1903) lesen, ist der »zitternde Hauch der menschlichen Gefühle«, die Gedichte sind Spiegel des »Zauberkreises der Kindheit« – in ihnen kann man das »wirkliche Erlebnis der Seele« erblicken:

Die Landschaften der Seele sind wunderbarer als die Landschaften des gestirnten Himmels: nicht nur ihre Milchstraßen sind Tausende von Sternen, sondern ihre Schattenklüfte, ihre Dunkelheiten sind tausendfaches Leben, Leben, das lichtlos geworden ist durch sein Gedränge, erstickt durch seine Fülle. Und diese Abgründe, in denen das Leben sich selber verschlingt, kann den Augenblick durchleuchten, entbinden, Milchstraßen aus ihnen machen. Und diese Augenblicke sind die Geburten der vollkommenen Gedichte, und die Möglichkeit vollkommener Gedichte ist ohne Grenzen wie die Möglichkeit solcher Augenblicke. Wie wenige gibt es dennoch, Clemens, wie sehr wenige. Aber daß ihrer überhaupt welche entstehen, ist es nicht wie ein Wunder? Daß es Zusammenstellungen von Worten gibt, aus welchen, wie der Funke aus dem geschlagenen dunklen Stein, die Landschaften der Seele hervorbrechen, die unermeßlich sind wie der gestirnte Himmel, Landschaften, die sich ausdehnen im Raum und in der Zeit, und deren Anblick abzuweiden in uns ein Sinn lebendig wird, der über alle Sinne ist. Und dennoch entstehen solche Gedichte …

ZEITTAFEL

1874

Am 1. Februar wird Hugo Laurenz August Hofmann, Edler von Hofmannsthal als einziges Kind des Bankdirektors Dr. jur. Hugo von Hofmannsthal und seiner Frau Anna, geb. Fohleutner, in Wien geboren.

1884-1892

Besuch des Akademischen Gymnasiums in Wien.

1890

Im Juni erscheint in der Beilage der Wiener Zeitung »Presse« unter dem Pseudonym »Loris Melikow« als erste Publikation Hofmannsthals das Sonett »Frage«. Bekanntschaft mit dem Dichterkreis des »Jungen Wien« im Café Griensteidl, darunter Hermann Bahr (1863-1934), Arthur Schnitzler (1862-1931), Richard Beer-Hofmann (1866-1945), Felix Salten (eig. Siegmund Salzmann, 1869-1945), Peter Altenberg (eig. Richard Engländer, 1859-1919).

1891

Im April hatte Henrik Ibsens (1828-1906) Stück »Wildente« in Wien Premiere, Hugo von Hofmannsthal suchte den anwesenden einflussreichen norwegischen Dramatiker und Wegbereiter des Naturalismus in seinem Hotel auf. In den Aufzeichnungen heißt es: »Vormittag bei Ibsen. In der falschen Eleganz eines Hotelzimmers war mir die kleine, hilflose Gestalt mit den bezwingenden Augen und der Meisterstirn doppelt rührend«.

im Dezember trifft Hofmannsthal in Wien erstmals Stefan George (1868-1933), die abschließenden Verse in dem Gedicht »Der Prophet« beziehen sich auf die Begegnungen mit ihm: »Er macht die leere Luft beengend kreisen/Und er kann töten, ohne zu berühren«.

die »Dramatische Studie in einem Akt in Versen« »Gestern« erscheint. Sie spielt zur »Zeit der großen Maler«. Hofmannsthal verlegt die dramatische Handlung seiner Stücke in die Zeit der Renaissance. In der ersten Szenenanweisung von »Gestern« heißt es: »Reiche Architektur der sinkenden Renaissance«.

1892
Im Mai zweites Treffen mit Stefan George, Mitarbeit an der Zeitschrift »Blätter für die Kunst«, dort erscheint das lyrische Drama »Der Tod des Tizian« im 1. Heft, Bekanntschaft mit Josephine von Wertheimstein (1820-1894), deren Döblinger Villa in der zweiten Jahrhunderthälfte ein Mittelpunkt des literarischen Lebens gewesen war.

1892-1894
Jura-Studium an der Universität Wien; die erste Staatsprüfung hat Hofmannsthal im Juli 1894 – nach eigenen Worten – »mit mittelmäßigem Erfolg abgelegt«.

1893
Das lyrische Drama »Der Tor und der Tod« erscheint, Bekanntschaft mit Leopold von Andrian (eig. Leopold Freiherr von Andrian-Werburg, 1875-1951), dem Verfasser der Prosaskizze »Der Garten der Erkenntnis«, »Alkestis« erscheint, Frau von Wertheimstein stirbt, die Erschütterung über ihren Tod führen zu den »Terzinen über Vergänglichkeit«.

1894
Zwischen Oktober und September 1895 absolviert Hugo von Hofmannsthal das Freiwilligenjahr bei dem k. u. k. Dragonerregiment 6 in Göding.

1895
Erste Veröffentlichungen in der Jugendstilzeitschrift »Pan« (Terzinen II-IV), das »Märchen der 672. Nacht« entsteht.
Beginn des Studiums der Romanistik an der Universität Wien, Hofmannsthal hört unter anderem bei Ernst Mach (1838-1916) Vorlesungen, der mit seiner Abhandlung »Beiträge zur Analyse der

Empfindungen« (1886) auf die Literatur der Jahrhundertwende großen Einfluss hatte.

1897
Dissertation zum Thema: »Über den Sprachgebrauch bei den Dichtern der Plejade«.
»Das Kleine Welttheater« und »Die Frau im Fenster« (in Auszügen 1898) erscheinen im »Pan«, vertiefte Kontakte mit dem Mitherausgeber des »Pan« Eberhard von Bodenhausen (1868-1918), mit dem Hofmannsthal bis zu dessen Tode eine Freundschaft verband, »Der weiße Fächer«, »Die Hochzeit der Sobeide«, »Der Kaiser und die Hexe« entstehen.

1898
Am 15. Mai Uraufführung des Stückes »Die Frau im Fenster« in Berlin.
Aufenthalt in Venedig: »Der Abenteurer und die Sängerin«.

1899
In Berlin Uraufführung »Sobeide«, »Abenteurer«. Gespräche mit dem naturalistischen Dramatiker Gerhart Hauptmann (1862-1946) und dem Mitbegründer der Zeitschrift »Pan«, dem Kunstschriftsteller, Mäzen und Verleger Harry Graf Kessler (1868-1937).
»Das Bergwerk zu Falun« entsteht, das lyrische Drama »Der Tor und der Tod« wird veröffentlicht.

1900
Im Februar Gespräche in München mit den Schriftstellern Alfred Walter Heymel (1878-1914) und Rudolf Alexander Schröder (1878-1962), den Mitbegründern der Zeitschrift »Die Insel«, anschließend bis Mai in Paris, Bekanntschaft mit dem symbolistischen flämischen Schriftsteller und Essayisten Maurice Maeterlinck (1862-1942) und dem Bildhauer der sich bahnbrechenden künstlerischen Moderne Auguste Rodin (1840-1917); das Ballett »Der Triumph der Zeit«, »Vorspiel zur Antigone des Sophokles«, »Das

Erlebnis des Marschalls von Bassompierre«, »Der Kaiser und die Hexe« erscheinen.

Arbeit an der Habilitationsschrift »Studie über die Entwicklung des Dichters Victor Hugo«.

1901

Am 8. Juni Heirat mit Gertrud Schlesinger (1880-1959), der Tochter des Generalsekretärs der Anglo-Österreichischen Bank Emil Schlesinger, in der Wiener Schottenkirche, Umzug in das »Fuchsschlössel« nach Rodaun bei Wien, wo die Familie bis zu Hofmannsthals Tod lebt, Arbeit an dem unvollendet gebliebenen Trauerspiel »Pompilia oder Das Leben«.

1902

Rudolf Borchardt (1877-1945) besucht Hofmannsthal, Bearbeitung des Dramas »Das Leben ein Traum« von Pedro Calderón de la Barca (1600-1681), am 14. Mai Geburt der Tochter Christiane, im August Arbeit am »Chandos Brief«, ab September in Italien, zuerst in Rom, dann in Venedig, »Das gerettete Italien« entsteht.

1903

Erneute Begegnung mit Stefan George, »Das Gespräch über Gedichte« entsteht, am 29. Oktober Geburt des Sohnes Franz, am 30. Oktober in Berlin Uraufführung der »Elektra«, erstmals in Zusammenarbeit mit dem langjährigen Direktor des Deutschen Theaters und Mitbegründer der Salzburger Festspiele Max Reinhardt (eig. Max Goldmann, 1873-1943), die »Ausgewählten Gedichte« erscheinen im Verlag »Blätter für die Kunst«.

1904

Am 22. März Tod der Mutter.

1905

Am 21. Januar in Berlin Uraufführung »Das gerettete Venedig«, im Mai mit Harry Graf Kessler in Paris, Treffen mit dem französischen Schriftsteller André Gide (1869-1951), der anfänglich dem Symbolistenkreis um Stéphane Mallarmé (1842-1898) angehört hatte, Bearbeitung des »König Ödipus« von Sophokles, Hofmannsthal hält in Weimar den Festvortrag »Shakespeares Könige und grosse Herren«.

1906
Im Februar in Berlin Begegnung mit dem Komponisten Richard Strauss (1864-1949), der in den folgenden Jahren mehrere Stücke Hofmannsthals vertont (»Elektra«, »Ariadne auf Naxos«), für ihn schrieb Hofmannsthal in den folgenden Jahren erfolgreich Libretti, u.a. für »Der Rosenkavalier«, im März endgültiger Bruch mit Stefan George, am 26. Mai Geburt des zweiten Sohnes Raimund, im Dezember in München Vortrag »Der Dichter und diese Zeit«, die »Kleinen Dramen« erscheinen, »Unterhaltung über den ›Tasso‹ von Goethe«, »Unterhaltung über die Schriften von Gottfried Keller«.

1907
Reise nach Venedig, Arbeit an der ersten Fassung des »Andreas«-Romans und an den Komödien »Silvia im ›Stern‹« und »Christinas Heimreise«, im November ist Rainer Maria Rilke (1875-1926) in Rodaun, Hofmannsthal wird Mitherausgeber der Zeitschrift »Morgen«, Die »Gesammelten Gedichte«, die »Kleinen Dramen« und die »Prosaischen Schriften« erscheinen im Insel-Verlag.

1908
In Berlin Uraufführung von »Tor und Tod«, Reise nach Griechenland (»Augenblicke in Griechenland«), »Christinas Heimreise« entsteht.

1909
Am 25. Januar Uraufführung der Oper »Elektra« in Dresden, Arbeit am »Rosenkavalier«, Übertragung von Molières (1622-1673) »Die Heirat wider Willen«, zusammen mit Rudolf Alexander Schröder und Rudolf Borchardt Herausgeber des Jahrbuchs »Hesperus«.

1910

Am 11. Februar Uraufführung von »Christinas Heimreise« in Budapest und Wien, die Erzählung »Lucidor« entsteht.

1911

Am 26. Uraufführung des »Rosenkavalier« in Dresden, am 1. Dezember »Jedermann« in Berlin.

1912

Der Text für die »Josephslegende« für das von Sergej Diaghilew (1872-1929) geleitete avantgardistische Ballets Russes entsteht (Musik Richard Strauss, uraufgeführt in der Pariser Oper am 14. Mai 1914), von dem legendären Tänzer und Choreographen des Ensembles Vaclav Nijinsky (1889-1950) angeregt, hatte Hofmannsthal bereits ein Jahr zuvor den Essay »Über die Pantomime« geschrieben (siehe auch »Nijinskys ›Nachmittag eines Fauns‹«, 1912), das erste Kapitel des Andreas-Romans entsteht, am 25. Oktober Uraufführung von »Ariadne auf Naxos« in Stuttgart, Herausgeber der Sammlung »Deutsche Erzähler«.

1913

»Die Frau ohne Schatten« entsteht, als erster Druck der bibliophilen »Bremer Presse« erscheint in 200 Exemplaren Hofmannsthals »Die Wege und die Begegnungen«.

1914

Kriegsausbruch, am 26. Juli Einberufung als Landsturmoffizier nach Pisino in Istrien, durch Einflussnahmen des befreundeten Politikers Josef Redlich (1869-1936) beurlaubt und dem Kriegsfürsorgeamt im Kriegsministerium unterstellt, politische Aufsätze in der »Wiener Neuen Presse« (darunter: »Appell an die oberen Stände«, »Die Bejahung Österreichs«).

1915

Die »Österreichische Bibliothek« beginnt zu erscheinen, am 10. Dezember Tod des Vaters, es erscheinen »Prinz Eugen der edle

Ritter«, sowie der »Österreichische Almanach auf das Jahr 1916«, Dienstreisen in die von Österreich besetzten Gebiete nach Südpolen, Brüssel und Berlin. Weitere politische Aufsätze: »Wir Österreicher und Deutschland«, »Grillparzers politisches Vermächtnis«.

1916
Biographische Notizen unter dem Titel »Ad me ipsum« entstehen, im Juli hält Hofmannsthal in Warschau den Vortrag »Österreich im Spiegel seiner Dichtung«.

1917
Hofmannsthal hält in Bern den für sein politisches Verständnis zentralen Vortrag »Die Idee Europa«, »Der Bürger als Edelmann«, »Der Schwierige« entstehen, Bd. 3 der »Prosaischen Schriften« erscheint, Beginn des Briefwechsels mit dem Schriftsteller und Kulturtheoretiker Rudolf Pannwitz (1881-1969).

1918
Intensive Arbeit an mehreren Werken: »Die Frau ohne Schatten«, »Andreas«-Roman, »Silvia im ›Stern‹«, ausgiebige Lektüre Calderóns, Begegnung mit dem Politiker, Diplomaten und Essayisten Carl Jacob Burckhardt (1891-1974), mit dem Hofmannsthal bis zu seinem Tode freundschaftlich verbunden blieb.

1919
Die Erzählung »Die Frau ohne Schatten« und »Der Schwierige« werden abgeschlossen.

1920
Die Salzburger Festspiele werden erstmals eröffnet, auf dem Domplatz wird am 22. August Hofmannsthals »Jedermann« uraufgeführt.

1921
Am 8. November Uraufführung von »Der Schwierige« in München, »Das Salzburger Große Welttheater« entsteht.

1922

Im Mai »Rede auf Grillparzer«, am 12. August Uraufführung »Das Salzburger Große Welttheater« in der Kollegienkirche in Salzburg, Herausgeber des Periodikums »Neue deutsche Beiträge« (bis 1927) im Verlag der »Bremer Presse«, in der beispielsweise Walter Benjamins (1892-1940) Aufsatz über Goethes »Wahlverwandtschaften« und ein Teil seiner Untersuchung »Ursprung des deutschen Trauerspiels« erschienen sind.

1923

Am 16. März Uraufführung »Der Unbestechliche« in Wien, das Filmbuch zum »Rosenkavalier« entsteht (Uraufführung des Films am 10. 1. 1926 in Dresden).

1924

anläßlich des 50. Geburtstages von Hugo von Hofmannsthal erscheint eine Festgabe, Vollendung der ersten Fassung des Trauerspiels »Der Turm«, die »Gesammelten Werke« erscheinen in sechs Bänden, Italienreise.

1925

Reise nach Marokko (»Reise im nördlichen Afrika«).

1926

Ein Vorspiel zu Bertolt Brechts (1898-1956) »Baal« entsteht, Fertigstellung der überarbeiteten Fassung des »Turm«.

1927

Am 10. Januar hält Hofmannsthal an der Universität München den Vortrag »Das Schrifttum als geistiger Raum der Nation«, im Februar Reise nach Sizilien, die lyrische Oper »Arabella« entsteht (Uraufführung am 1. Juli 1933 in Dresden), die zweite Fassung des »Turm« wird veröffentlicht.

1928

Am 4. Februar Uraufführung von »Der Turm« im Münchner Resi-

denztheater, am 6. Juni »Uraufführung« von »Die ägyptische He-
lena« in Dresden.

1929
Reisen nach Basel, München und Heidelberg, im Mai Italienreise,
Neufassung des ersten Aktes der »Arabella«, mehrere Pläne für his-
torische Romane (»Philipp II«, »Don Juan d'Austria«), am 13. Juli
Selbstmord des Sohnes Franz im elterlichen Haus in Rodaun, am
15. Juli, kurz vor der Beerdigung des Sohnes, ereilt Hugo von Hof-
mannsthal ein Schlaganfall, dem er einige Stunden später erliegt.
Seine Grabstätte befindet sich auf dem Kalksburger Friedhof bei
Wien.

VERZEICHNIS DER GEDICHTÜBERSCHRIFTEN
UND -ANFÄNGE

INHALT

Gedichte

Gestalten

Prologe und Trauerreden

Nachlese der Gedichte

Prologe

Frühe Verse

Hugo von Hofmannsthal

Buch der Freunde
Hg. Ernst Zinn
BS 626. 164 Seiten

Gedichte
IB 461. 79 Seiten

Die Gedichte
Hg. Hansgeorg Schmidt-Bergmann
it 2623. 250 Seiten

Der Kaiser und die Hexe
Mit Zeichnungen
IB 996. 59 Seiten

Der Tor und der Tod
IB 28. 31 Seiten

Die Erzählungen
Hg. Hansgeorg Schmidt-Bergemann
it 2622. 400 Seiten

Die Gedichte
Hg. Hansgeorg Schmidt-Bergemann
it 2623. 272 Seiten

Hugo von Hofmannsthal/Rainer Maria Rilke
Briefwechsel 1899-1925
Hg. Rudolf Hirsch und Ingeborg Schnack
280 Seiten. Leinen

NF 36/1/5.00

Literatur der Moderne
im insel taschenbuch
Eine Auswahl

Max Frisch

Homo faber. Ein Bericht
it 2344. 298 Seiten

Skizze eines Unglücks
Erzählungen aus dem Tagebuch
1966-1971
it 2391. 108 Seiten

Hermann Hesse

Die Antwort bist du selbst
Briefe an junge Menschen
it 2583. 130 Seiten

Bäume
Betrachtungen und Gedichte mit Fotografien
it 455. 140 Seiten

Eigensinn macht Spaß
Individuation und Anpassung. Ein Lesebuch
it 2373. 275 Seiten

Farbe ist Leben
Eine Auswahl seiner schönsten Aquarelle
it 1810. 173 Seiten

NF 25/260/4.00

Franz von Assisi
Mit Fresken von Giotto
it 1069. 128 Seiten

Freude am Garten
Betrachtungen, Gedichte und Fotografien
Mit farbigen Abbildungen des Dichters
it 1329. 234 Seiten

Gedichte des Malers
Zehn Gedichte mit farbigen Zeichnungen
it 893. 29 Seiten

Jedem Anfang wohnt ein Zauber inne
Lebensstufen. Ein Lesebuch
it 2357. 281 Seiten

Kurgast
Großdruck. it 2386. 240 Seiten

Lebenszeiten
Ein Brevier, ediert von Siegfried Unseld
Mit Abbildungen und Dokumenten
Großdruck. it 2343. 290 Seiten

Luftreisen
Mit zahlreichen Abbildungen
it 1604. 81 Seiten

Magie der Farben
Aquarelle aus dem Tessin
Mit Betrachtungen und Gedichten
it 482. 117 Seiten

NF 25/261/4.00

Mit der Reife wird man immer jünger
Betrachtungen und Gedichte über das Alter
Mit Fotografien von Martin Hesse
Großdruck. it 2311. 191 Seiten

Piktors Verwandlungen. Ein Liebesmärchen
vom Autor handgeschrieben und illustriert
it 122. 91 Seiten

Schmetterlinge
Betrachtungen, Erzählungen und Gedichte
it 385. 97 Seiten

Tessin
Betrachtungen, Gedichte und Aquarelle
it 1494. 314 Seiten

Vogel. Ein Märchen
it 2399. 60 Seiten

Wanderung. Aufzeichnungen
Mit 14 Aquarellen
it 2354. 136 Seiten

Wolken
Betrachtungen und Gedichte
Mit Bildern von Thomas Schmid
Großdruck. it 2367. 189 Seiten

Wunder der Liebe
Liebesgedichte
it 2263. 125 Seiten

NF 25/262/4.00

Der Zwerg. Ein Märchen
Mit Illustrationen von Rolf Köhler
it 636. 72 Seiten

Marie Luise Kaschnitz

Beschreibung eines Dorfes
Fotografien von M. Grünwald
it 665. 66 Seiten

Eisbären. Ausgewählte Erzählungen
it 4. 176 Seiten

Elissa. Roman
it 1694. 188 Seiten

Liebe beginnt. Roman
it 1603. 180 Seiten

Liebesgeschichten
it 2536. 160 Seiten

Menschen und Dinge 1945
it 1710. 116 Seiten

Mit Marie Luise Kaschnitz durch Rom
Mit Fotografien
it 2607. 196 Seiten

Orte und Menschen. Aufzeichnungen
it 1361. 176 Seiten

NF 25/263/4.00

NF 25/265/4.00

NF 25/266/4.00

Rainer Maria Rilke
im Insel Verlag

Werke. Kommentierte Ausgabe in vier Bänden
Herausgegeben von Manfred Engel,
Ulrich Fülleborn, Horst Nalewski, August Stahl
4200 Seiten. Leinen oder Leder

Sämtliche Werke in sieben Bänden
Herausgegeben vom Rilke-Archiv
In Verbindung mit Ruth Sieber-Rilke
besorgt durch Ernst Zinn
Dünndruck-Ausgabe. 6892 Seiten. Leinen

Sämtliche Werke in sechs Bänden
Herausgegeben vom Rilke-Archiv
In Verbindung mit Ruth Sieber-Rilke
besorgt durch Ernst Zinn
it 1101-1106. 4892 Seiten

Einzelausgaben

Die Aufzeichnungen des Malte Laurids Brigge
it 2565. 230 Seiten

Auguste Rodin
it 766. 143 Seiten. 96 Abbildungen

Ausgesetzt auf den Bergen des Herzens
Gedichte aus den Jahren 1906 bis 1926
it 98. 206 Seiten

NF 10/267/2.00

NF 10/269/2.00

NF 10/270/2.00

Zwei Prager Geschichten und ›Ein Prager Künstler‹
Mit Illustrationen von Emil Orlik
Herausgegeben von Josef Mühlberger
it 235. 149 Seiten

Briefe

Briefe über Cézanne
Herausgegeben von Clara Rilke
Besorgt und mit einem Nachwort versehen
von Heinrich Wiegand Petzet
Mit siebzehn farbigen Abbildungen
it 672. 140 Seiten

Rainer Maria Rilke / Lou Andreas-Salomé
Briefwechsel. Herausgegeben von Ernst Pfeiffer
it 1217. 647 Seiten

Zu Rainer Maria Rilke

Rainer Maria Rilke. Leben und Werk im Bild
Von Ingeborg Schnack. Mit einer biographischen
Einführung und einer Zeittafel
it 35. 267 Seiten

Mit Rilke durch das alte Prag
Ein historischer Spaziergang
Mit zeitgenössischen Fotografien
zu Rilkes »Larenopfer«
Herausgegeben von Hartmut Binder
it 1489. 264 Seiten

NF 10/271/2.00